Carolin Schade

Lebe göttlich!

Energetischer Begleiter durch den Aufstieg

Thoth
Mutter Erde
Blume des Lebens
Akasha Chronik
Kollektives Sein

Smaragd Verlag

Haftung

Die in diesem Buch enthaltenen Informationen sollen der Aufklärung dienen und ersetzen keine medizinische Diagnose, ärztliche Verordnung oder Behandlung. Sie ersetzen auch nicht den Besuch bei einem Arzt oder Heilpraktiker. Der Inhalt ist allenfalls als Begleitung und Ergänzung zu einem vernünftigen und verantwortungsvollen Gesundheitsprogramm gedacht. Autorin und Verlag können für unsachgemäßen Gebrauch keine Haftung übernehmen.

Bitte fordern Sie unser kostenloses Verlagsverzeichnis an:

Smaragd Verlag e.K.
Neuwieder Straße 2
D-56269 Dierdorf
Tel.: 02689-92259-10
Fax: 02689-92259-20
E-Mail: info@smaragd-verlag.de
www.smaragd-verlag.de

Oder besuchen Sie uns im Internet unter der obigen Adresse und melden Sie sich für unseren Newsletter an.

Deutsche Erstausgabe: Januar 2015

Umschlaggestaltung: preData
Satz: preData
Printed in Czech Republic
ISBN 978-3-95531-087-5

Widmung

für
Chiara, Noah, Sari und Samuel,
Mona und Luis,
Jürgen.

Und für unsere Erde und die unendlich strahlenden Energien,
die in uns und in allen Geschöpfen des Lebens wohnen.
Für die lichtvollen Menschen dieser Zeit,
die diese hoch schwingenden Energien auf Mutter Erde bewusst tragen
und den Mut haben, sich in dieser Form zu zeigen.
Die Gegenwart dieser Energien ist die Voraussetzung für das neue bewusste Sein
und macht den Wandel und das Leben in feinstofflichen Strukturen
auf unserem Planeten erst möglich.

Ringt euch in diesem neuen Jahr zu der Erkenntnis durch,
dass ihr wahrlich göttliche Wesen und deshalb frei seid,
obwohl ihr als sterbliche Menschen noch
gewisse Gewohnheiten habt.
Bestätigt euch selbst immer wieder:

„Ich bin ein Kind Gottes. Ich bin eins mit Gott."

Paramahansa Yogananda

Inhalt

Vorwort

Der große Geist ist in allem Lebenden, in jedem Geschöpf des Seins. Alles ist miteinander verbunden und nur ein großer Geist.

Viele Kulturen unserer vergangenen Zeiten wussten um die Neue Zeit und dem damit verbundenen Aufstieg. Keine Zeit, kein Gedanke und keine Erfahrungen gingen verloren. Alles existiert im großen Bewusstsein und ist gespeichert in der irdischen Struktur der Blume des Lebens sowie in anderen Ebenen der Schöpfung.

Unsere Epoche ist gekennzeichnet durch Isolation, Unverständnis, Egoismus und Zerstörung. Dies war kein zufälliger Prozess. Es gibt keine Erklärung des Verstandes für diese Zeiten, welche die leidvollen Erfahrungen in einer physischen, subjektiven Welt erklären. Diese Erfahrungen haben die niedrig schwingenden Frequenzen mit sich gebracht, und sie werden in unser Bewusstsein integriert.

Unser Weg durch die Wahrnehmung der begrenzten Welt in uns – da wir beispielsweise von innen nach außen schauen und damit nur das Äußere interpretieren – ist bereits beendet.

Die Hauptaufgabe der Menschen ist gegenwärtig, diesen Wandel zu verstehen. Dabei wird sich unser Weltverständnis von Grund auf verändern.

Der Wandel der Strukturen betrifft alle Menschen und Geschöpfe des Seins auf unserem Planeten Erde und Mutter Erde selbst. Die Sonne (väterlicher Aspekt) als Informationsträger und Führer der bewussten Wahrnehmung bereitet uns seit Jahren durch die Stärke und Intensität der Sonnenstrahlen auf diese Veränderungen vor. Es liegt nun an den Menschen, diese zu spüren und zu akzeptieren.

Unsere Sonne sendet – beispielsweise sichtbar durch die starken Sonnenwinde – seit langer Zeit wesentlich mehr und höher schwingende Teilchen als Informationsträger für unsere DNA und unsere physische/psychische Kodierung in die irdischen Sphären, um uns den Übergang in die höheren Frequenzen und damit die Erweiterung unseres Bewusstseins mit zu ermöglichen.

Die Menschen werden realisieren, dass irdisches Leben nicht auf einer isolierten Form in der Materie eingeschlossen stattfindet, sondern unsere Seinsform multidimensional in unendlichen Ebenen existiert.

Wir sind Geschöpfe Gottes und werden uns allmählich bewusst, dass Gott überall und in jedem Lebewesen existiert. Wir haben die Anbindung vergessen und brauchen nun den Mut, aus unserer verängstigten Prägung und Erfahrungsform herauszutreten.

Das erfordert unglaublich viel Mut. Und diesen Mut, uns neu zu definieren und das Alte loszulassen, werden wir nur durch die ursprüngliche Form der Liebe und durch Klarheit aufbringen können. Wertfreie Liebe zu empfinden, sie in unserem Alltag zu erfahren, hinauszutragen in die Welt und zwangsläufig von unseren alten Mustern und Glaubenssystemen Abstand zu nehmen – Urteile ziehen zu lassen, um in jedem irdischen Geschöpf die Liebe zu entdecken und sich selbst zu spiegeln.

Alles ist eins. Es war schon immer so. Und dieses bewusste Wahrnehmen wird die Herausforderung der Neuen Zeit.

Ich werde hier, wie auch in meinem ersten Buch, mein Wissen energetisch transparent gestalten, damit jeder Leser die Möglichkeit hat, diese Informationen wirklich, das bedeutet physisch, psychisch und geistig, bewusst zu verarbeiten.

Unsere DNA und Gehirnfrequenzen und damit unsere Gehirnkapazitäten werden sich in der kommenden Zeit stark erweitern und somit unsere Aufnahmefähigkeiten steigern.

Die energetischen Aussagen geben dem Leser die Möglichkeit, die Zellen zu nähren, da unser Körper durch den anstehenden Wandel transparenter und formbarer wird.

Wir benötigen die Zellinformationen der kommenden Zeit, da sich der Wandel multidimensional erstreckt und somit in dem Ausschnitt unserer Welt wie auch auf anderen Ebenen des Seins Erneuerung einsetzen wird.

Alte Strukturen werden fallen, und uns bleibt ausschließlich die Hingabe und Liebe in dem Wissen um ein anderes Leben – ein neues Leben in unserem neuen Körper auf einer neu ausgerichteten Erde in einem bewussten Wandel der Zeit.

Ich freue mich wirklich, dies auch selbst im gesamten Ausmaß erkennen zu dürfen.

Carolin

Einleitung

In diesem Buch werde ich verschiedene Themen vertieft und, wenn nötig, auch wiederholt aufgreifen und die daraus entstehende Energie den Menschen beim Lesen zur Verfügung stellen.

Das bedeutet, dass ich auch hier nicht – genauso wie bei „Thoth und Mutter Erde“ – nur ein Buch schreibe, sondern ich sehe das Arbeiten an der irdischen und somit menschlichen Matrix als meine Aufgabe an. Das Schreiben ist für mich eine energetische Arbeit, und ich bin davon überzeugt, dass ihr, liebe Leserinnen und Leser, dies beim Lesen bemerken werdet, da die Umsetzung dieser Energiearbeit tief in das jeweilige und auch allgemeine menschliche Bewusstsein eintritt.

Da unsere Zeit nicht mehr linear verläuft und sich zu unserer gegenwärtigen Schwingungsfrequenz verändert darstellt, werde ich verschiedene Abschnitte teilweise überspitzt und auch ausdrücklich behandeln.

Ich möchte euch damit die Möglichkeit geben, euch selbst zu reflektieren, um euch in einer relativ kurzen Zeit in den Punkten erkennen zu können, die eure Realitäten ausmachen und beeinflussen.

Wir Menschen werden vieles in den kommenden Zeiten verstehen müssen. Die Phase des „freiwilligen Entscheidens“, wann wir jeweils bewusst mit unserer Realität umgehen möchten, ist beendet. Wir befinden uns schon in der Phase der bewussten Integration und dem damit verbundenen Verstehen und letztendlichen Auflösen unseres Egos.

Ich werde mich hier nicht vorrangig mit vergangenen Katastrophen und menschlichen leidvollen Erfahrungen beschäftigen, da dieser Blickwinkel zu stark die Energie in das unerlöste

Empfinden der Menschen geben würde. Stattdessen werde ich den vertieften Blick auf das Gegenwärtige und das bereits existierende Kommende richten, die wie das Vergangene als Nebenrealitäten verfügbar sind.

Das bringt mich unweigerlich zu dem Thema des Hellsehens: Hellsehen und die „Zukunft vorhersehen" war in unserer vergangenen Zeitrechnung leicht möglich, so lange unsere Realitätsebenen linear abrufbar waren und somit ein überschaubares Programm Leben ergaben. Hellsehen war wie ein Tunnelblick, und damit war Leben konstant und festgeschrieben und eben vorhersehbar.

Wir sind gegenwärtig in der multidimensionalen Realitätswahrnehmung, die es uns ermöglicht, einerseits Programme in einer Realitätsform durch Bewusstwerdung zu erneuern und umzuschreiben und damit zumindest teilweise oder auch vollkommen das Hellsehen zu nicht stimmigen Aussagen zu bringen. Andererseits ist damit auch die Möglichkeit gegeben, dass wir die Resonanzen der gegenwärtigen Schwingungen in Relation zu den gegebenen Energiefeldern setzen, um das wahrscheinlichste eintretende Programm zu erkennen – und damit ist die Möglichkeit auf Hellsehen um ein Vielfaches erweitert und somit erkennbar.

In unserer gegenwärtigen Zeit gilt es, Einstellungen und Vorstellungen zu verändern, sich auf neue Gefühle und Empfindungen zum Leben allgemein einzulassen und zu verstehen, was es bedeutet, wirklich in einer Ebene angekommen zu sein, die so unterschiedlich zu unserer gewohnten alten Welt ist.

Menschen werden einen steigenden Druck wahrnehmen, sich selbst und die Welt im Äußeren zu verstehen.

Mir erging es oft so, dass ich eine Abneigung gegen spirituelle Schriften und Weisungen empfand – oder, genauer gesagt, diese immer noch nicht mag, da sie sich meistens so abgehoben von unserer menschlichen Realität anhören. Damit meine ich, dass es mir wichtig erscheint, dass alles Energetische und damit letztendlich Spirituelle einen fassbaren Grundsatz für uns Menschen hat und die Welten, in denen wir energetische Arbeiten und Seinsformen erleben, transparent und umsetzbar erscheinen.

Für mich geht es hierbei darum zu verstehen, dass energetische Wahrheiten nicht ein Augenzwinkern entfernt von unserer wahrnehmbaren Form sind, und wir dabei erkennen, dass die Welt, in der wir leben und uns definieren, von allen Strukturen befreit sein wird, und wir die Entscheidung treffen werden, uns auf das Neue komplett einzulassen, um den gegenwärtigen Weg zu uns in Frieden und Kommunikation gehen zu können.

Eine Nicht-Kommunikation und die Ablehnung der neuen Strukturen werden in uns weiterhin Schmerz und Unfrieden sowie Krankheit und Depression auslösen.

Der Mensch ruht sich gerne auf den Erneuerungen der Vorreiter aus und hofft dann, eines Tages einfach abgeholt zu werden und von den Errungenschaften und mutigen Ausführungen anderer Menschen mitprofitieren zu können.

Entsprechend funktioniert auch tatsächlich unser Sein – wir reagieren unter der Matrix und müssen dennoch erst einmal eine Plattform und ein Resonanzfeld in der Matrix erschaffen, damit auch der lethargische und verängstigte Mensch in die Bedrängnis gerät, sich bewegen zu müssen.

Hier gefällt mir immer wieder das Experiment des hundertsten Affen. Ist eine Spezies bereit, eine neue Verhaltensform aufzunehmen und zu verinnerlichen, wird es über das Morphogenetische Feld zu einer – räumlich gesehen – weit entfernten gleichen Spezies weitertransportiert, und diese andere Spezies kann dann ebenfalls dieses Verhalten praktizieren. Diese Informationsleitung kann nur geschehen, wenn genügend Lebensformen diese Erneuerungen auch tatsächlich leben.

Damit ist ausgesagt, dass wir miteinander und untereinander verbunden existieren und endlich verstehen werden, dass wir das, was wir anderen Lebensformen zufügen, auch selbst rückbezüglich als Leid erleben werden – da das Morphogenetische Feld Resonanzen zu uns zurückführt – zwischenmenschlich wie auch in der Gemeinschaft mit allen Lebensformen auf der Erde.

Wichtig zu verstehen ist dabei, dass wir nicht für andere Seinsformen unser Erwachen leben, sondern dass der Mensch wählen wird, ob er sein Leben weiterhin in einem Laufrad verbringen möchte, das zusehends maroder wird und letztendlich das Leben unserer Vorfahren nur in „upgegradeter" Form darstellt, sich aber letzten Endes nur wiederholt. Andererseits kann der Mensch wirklich als Schöpfer seiner eigenen Realität verantwortungsvoll und bewusst dem Leben allgemein begegnen und sich darin als wahrhaftiges Schöpfungsmitglied der gegenwärtigen Zeit – und ihrer Nebenrealitäten – verstehen.

Während ich diese Zeilen schreibe, bin ich mir darüber im Klaren, dass mein Schreiben kein Zufall ist. Nichts ist dem Zufall überlassen, alles ist bereits geplant, einprogrammiert, und wir bedienen ein in Resonanz stehendes Programm.

Dabei ist noch zu lernen, dass der störende und machthungrige Verstand – am Verstand ist keinesfalls etwas Schlechtes, er ist einfach der Spiegel der noch vielen unerwachten Menschen und Zustände in unserer weltlichen Form – uns in alten Glaubenssystemen und Zuständen hält. Wir können immer nur versuchen, in einem schlechten Zustand den vermeintlich schmerzfreisten Weg zu finden, aber dieser kann niemals erlöst sein und die Klarheit des Seins tragen.

Dieses Buch ist kein Ratgeber sondern ein Geschenk. Es schenkt Liebe, Frieden, Freude und, vor allem, Klarheit.

Klarheit ist die Nulllinie – siehe das Kapitel Nullpunkt – des Lebens und trägt alles vereint und zur gleichen Zeit in sich. Hier findet Erlösung von den scheinbar mühevollen Zuständen statt, und das gibt uns wieder das Gefühl, angekommen zu sein.

Denn nichts gilt in der weltlichen Form mehr als das wert- und urteilsfreie Verstehen, das neben der emotionalen Wahrnehmung steht, die es uns ermöglicht, klare Entscheidungen zu treffen.

Die Klarheit ist die Botschaft des erlösten Zustands und stellt sich absolut in Resonanz zu allem Sein. Hier findet die bewusste Wahrnehmung des Lebens statt, die entscheidet, ohne zu werten, und liebt, ohne zu brauchen.

Ich werde hier gelegentlich nicht mehr unterscheiden, welche Stimme oder Weisung aus mir heraus diese Seiten verfasst. Nur um verschiedene Hintergründe oder Erklärungen deutlicher zu erfassen, werde ich teilweise erläutern, welche energetische Form gerade vorrangig „spricht“, oder, genauer ausgedrückt, von welcher Perspektive des Selbst gerade gesprochen wird.

In „Thoth und Mutter Erde“ habe ich von der Dreifaltigkeit unseres Seins, in der unsere Welt und Wahrnehmung existiert, gesprochen. Die Feststellung dieser Existenz in unserer definierten Form ist sehr wichtig für unsere Wahrnehmung, und der nächst höhere Schritt der Bewusstwerdung baut auf diesem Erkennen auf.

Es bedeutet zu verstehen, dass Kommunikation nicht nur isoliert auf einer Wahrnehmungsform (das heißt: linear und eindimensional) existiert, sondern dass wir in der Dreifaltigkeit leben und darauf unser Sein ausrichten (immer drei Aspekte der bewussten Definition).

Das heißt, jede Lebensform ist höheres, mittleres und niederes Selbst in einer Wahrnehmungsform und wird durch energetische Schwingungserhöhung erfahren, dass schöpferisches Leben in den höheren Bewusstseinebenen erkennbar ist. Der Mensch nimmt durch die harmonische Schwingung der dritten Bewusstseinsebene wahr, dass es keine Unterschiede mehr zu energetischer Existenz, zur Natur, zu Mutter Erde, zu anderen Daseinsformen und sich selbst gibt.

Ehre alles Leben, und du wirst dein Selbst ehren und dich im Fühlen in der Klarheit der gesamten Aspekte erkennen.

☆☆☆

Aktuelles: Fragen und Erklärungen

Ein disziplinierter Mensch ist einfach etwas Wunderbares!

Wir benötigen in dieser Jetzt-Zeit viele disziplinierte Menschen und sind dankbar für jedes einzelne Licht, das beginnt, sich seinem lethargischen Willen zu widersetzen und sich dem zu widmen, was in dem Zeichen seiner Zeit/seines Programms steht.

Wir haben bereits anfangs um das Wort gebeten, da wir das Bestreben haben, einige ungeklärte Gegebenheiten aus der Sicht des Höheren Selbst zu klären und auch, um Fragen, die wiederholt an unsere Freundin Carolin gerichtet werden, zu beantworten.

Zunächst kommen wir zu der häufigen Annahme, dass unsere Freundin uns „channeln" würde und dadurch dieses Buch verfassen könnte.

Wir sind nicht in der Form zugegen, in der wir gechannelt werden – das heißt in eurem allgegenwärtigen Ausdruck, dass eine Energie in den menschlichen Körper aufgenommen wird und durch das disziplinierte „Zurückdrängen" des eigenen Selbst oder Energiekörpers die „Oberhand" bekommt und für diese Zeit durch das Bewusstsein geschleust und darin übersetzt wird. Das ist zumindest die Definition, die in ihrer einfachsten Form so beschrieben werden könnte.

Unsere Freundin jedoch channelt uns nicht, sondern sie tritt durch ihr Unterbewusstsein – also das Selbst – in das kollektive Gesamte ein und erlaubt dann, die Informationen durchzugeben, die momentan die höchsten Resonanzen hervorrufen.

Warum sind wir das? Nun ja, dazu gibt es massenhaft Antworten – wie zu jedem x-beliebigen Thema auch –, aber eine gute Antwort ist einfach: weil unsere Energie momentan die höchste Resonanz auf ihrer aktuellen Erfahrungsebene aufweist und Carolin damit in diesen Resonanzkörper eintritt.

Channeln – ja, vielleicht findet der eine oder andere unter euch jetzt auch die Antwort, dass man dies ja auch als Channeln bezeichnen könnte. Dann sei es so – dann ist es eben Channeln in eurem Verständnis –, doch wir möchten euch daran gewöhnen oder, besser, euch nahebringen, dass das Eintreten in das Selbst und das Begreifen des Loslassens alter Illusionen, wie zum Beispiel der Isolation, der Weg der Neuen Zeit ist.

Alle Lichter auf dieser Erde werden in ihrem eigenem Tempo erfahren, was es bedeutet, in das Selbst einzutreten und Alles-was-ist abzurufen, egal, zu welcher Tages- oder Nachtzeit, und herausfinden, dass es bereits immer so war und ihr nur beginnt zu verstehen, dass Isolation eine vergangene Form des Verstehens war, und nun tritt an diese Stelle das kollektive Sein. In diesem kollektiven Sein gibt es keine Unterscheidungen mehr zwischen den verschiedenen Leben, sondern das Erkennen, dass jeder Aspekt Leben auf sein Ganzes zurückzuführen ist.

Dabei ist es wichtig für euch zu verstehen, dass jeder Mensch in seiner subjektiven Realität – die ihr nur zu gerne festhaltet – jeden Menschen, jedes Erlebnis und jede Energie unterschiedlich interpretiert.

So, wie eure Religionen alles unterschiedlich interpretieren und jede von sich behauptet, es besser zu wissen, ist es letztlich so, dass, egal, von welchen Interpretationen gesprochen wird, alle auf den gleichen Nenner kommen: Liebe und Mitgefühl.

Also werden eure sogenannten Medien oder Channels auch alle unterschiedliche Worte und Herangehensweisen haben, genauso, wie die übersetzten Energien unterschiedlich interpretiert werden, und doch werden alle zwangsläufig den gegenwärtigen Frequenzen und damit den Entwicklungsstadien der Medien entsprechend ihre Aussagen tätigen.

Wenn jemand unter euch glaubt, dass alle Energien unterschiedlicher Menschen gleich übersetzt werden sollten, dann ist er einfach naiv, da es beispielsweise nicht einmal zwei Menschen bewerkstelligen, ein gemeinsam erlebtes Szenario in gleichen Worten oder auch Inhalten wiederzugeben.

Dies soll euch dazu dienen zu verstehen, dass jeder von euch selbst entscheiden muss, welche Resonanz beim Lesen für ihn treffender ist und mit welchen Formulierungen er umzugehen versteht.

Das ist ähnlich dem Sachverhalt, dass nicht ein Arzt für alle Menschen gut sein kann, da ihr noch so unterschiedlich seid wie eure Polaritäten, aus denen ihr urteilt und damit komplett widersprüchlich wahrnehmt. Aus den Polaritäten macht ihr die Dualität, und ihr urteilt über Menschen, deren Ausdrucksweise nicht euren Erwartungen entspricht.

Vielleicht entdeckt jeder Leser/jede Leserin hier für sich die Begrenzung in diesem Spiel.

Nun wollen wir die häufig gestellte Frage des Christusbewusstseins beantworten und sind gleichzeitig überrascht, dass mit diesem Ausdruck so viele Emotionen freigesetzt werden – nein, vielmehr entsteht hier unsererseits die Überraschung, da ihr nicht bemerkt, dass die Energie des Wortes so viel in euch auszulösen vermag.

Im Grunde gibt es dazu keine Erklärungen, da euch Menschen bewusst ist, wer Christus war/ist, und auch ist klar, dass wir Energien nicht Anhänger von religiösen Glaubensrichtungen – hier der christliche Glaube mit der vorzugsweise katholischen Kirche – sind.

Somit sollte euch bewusst sein, dass mit Christusbewusstsein unsererseits von Liebe und Mitgefühl die Rede ist. Das ist die Basis der Wahrhaftigkeit, Demut und Hingabe im Verstehen des allgegenwärtigen Plans und der Liebe Gottes. Letztlich das Bewusstsein, das euch Christus schenken wollte, um euch in dem Licht zu erfahren, das euch jede Form von Urteil und Wertigkeit ablegen lässt: Liebe und Mitgefühl!

Uns ist nicht klar, weshalb Menschen glauben, dass eine energetische Wahrnehmung von allen Menschen mit denselben Worten übersetzt werden sollte. Das Wort „Christusbewusstsein“ ist uns in dem Konsens des ersten Buches vollkommen geläufig.

Wir haben in diesem wiederholt versucht, euch zu erläutern, dass es kein geschriebenes Werk ist, das der Leser nur in den Händen hält und seinen Verstand und sein Bewusstsein darüberziehen lässt, sondern dass es vielmehr entstanden ist, um an der gegenwärtigen Matrix zu arbeiten und somit weitläufig energetische Arbeit zu verrichten.

Es ist ein energetisches Angebot, zu reifen und Bewusstsein zu integrieren sowie an der globalen menschlichen Matrix zu arbeiten.

Ihr habt bestimmt bereits gehört, dass es Möglichkeiten von Geistheilung oder eben Heilung über den geistigen Aspekt gibt. Genauso, wie Leid durch Gedanken und damit durch den geistigen Aspekt entstehen kann. Ihr seid wahrhaft Schöpfer eurer Realitäten und damit Herrscher eurer Erfahrungen.

Auf dieses Thema möchten wir hiermit noch genauer eingehen: Es ist stimmig, dass es einen höheren Plan gibt und damit auch eine Form von festgelegten Programmen, die euer Selbst erlebt. Und dennoch gibt es den freien Willen und euren Emotionalkörper, der fundamental an eurer Entwicklung und der Geschwindigkeit eures Verstehens beteiligt ist. Eure Emotionen sind ein Geschenk der physischen Welt und somit nur in der Form eures menschlichen Erlebens gegenwärtig fühlbar. Wenn ihr den physischen Körper verlasst, werdet ihr bemerken, dass alles in Ordnung ist. Es gibt dann keinen emotionalen Körper mehr, der für sich selbst bezogen empfinden kann, welche Wahrnehmung liebevoll oder abweisend ist. Damit gibt es keine Polaritäten und somit keine Dualität mehr. Ihr werdet sagen, dass dies doch dann erlösend ist, da ihr nicht mehr leiden könnt. Aber ihr könnt auch nicht mehr Freude und Liebe in einem euphorischen Zustand erleben. Keine Trauer und kein Glück – ES IST –, und das ist wahrhaft gut so, und es ist wiederum ein „Zustand“, der alles im Sein zulässt und keine individuelle Erfahrungsebene mit dem machtvollen Akzent der eigenen (Verstandes-)Wahrnehmung darstellt.

Versucht zu verstehen, wie unendlich groß das Geschenk des menschlichen und damit emotionalen Erlebens ist. Es ist einzigartig in der Schöpfung und gleichzeitig allgegenwärtig durch die Existenz der unendlich vielen Nebenrealitäten.

Wir wollen für den Moment diesen Satz ausklammern, da euer Verstand zwangsläufig sofort zu der Aussage kommt, dass dann doch wieder der Zauber des emotionalen Körpers eingestellt wird, wenn er gleichzeitig allgegenwärtig erlebt werden kann.

Nein! Die Erfahrung, die ihr Menschen gegenwärtig macht, ist für euch einzigartig, und wir versprechen euch, dass ihr im Moment des Verlassens dieser physischen Ebene verstehen werdet, was unsere Worte meinen. Aber dann ist die Erfahrung aus eurer Zeit- und Raumrechnung bereits abgeschlossen, und ihr werdet verstehen, was es bedeutet hätte, Schöpfer des physischen Lebens zu sein.

So viele „Wenn und Hätte" – wir wollen euch nun nochmals erläutern, dass wir hier kein Werk verfassen und Zeitvertreib üben in der Hoffnung, dass der eine oder andere Mensch Gefallen an dieser Lektüre findet und vielleicht daraus ein paar Dinge erlernen wird...

Das Geschriebene ist primär ein Geschenk an euren Planeten, an Terra und alle Lebewesen in, auf und über ihr, die verstehen wollen und die Fähigkeit besitzen, zu lieben.

Wir wollen für einen Moment die Konzentration auf die irdische Matrix richten und euch eine Form von Verstehen dazu mitteilen.

Wir haben bereits im ersten Buch von der Matrix gesprochen und möchten diesem Thema noch einmal Priorität einräumen und den Vorrang lassen, da es für euch grundlegend wichtig ist zu verstehen, wie ihr funktioniert.

Könnt ihr euch vorstellen, dass Gott den Menschen nach seinem Bild erschuf und ihm dann den Auftrag erteilte, sich um sein Überleben zu kümmern, um, entfernt von seinen Mitseelen, es irgendwie zu bewerkstelligen, „besser und großartiger zu sein" als die restlichen Menschen in seinem Umfeld? Im Grunde würde der Kontext behaupten, dass Gott in Konkurrenz zu sich selbst steht, da „der Mensch nach seinem Ebenbild erschaffen wurde".

Was ist eurer Meinung nach der Lebensinhalt eines Menschen:

- Geboren-Werden – Lernen (wobei dies grundsätzlich in doch recht veralteten und damit überholten Schulsystemen die Regel ist) oder auch Lernen von begrenzten

Mitmenschen, die euch nur aus einer unerledigten und unverstandenen Struktur heraus zeigen können, wie hilflos man sich an gesellschaftlichen Richtlinien festzuklammern vermag.

- Beruf/Studium – wann setzt nun endlich die freie Entwicklung des Menschen ein?
- Geld verdienen und sich Ansehen und Anerkennung ermöglichen.
- Kinder bekommen, um ihnen das gleiche fehlerhafte Bild vorzuleben und dann mit einer nicht realen Rente ins Altenheim zu gehen und relativ willenlos den Alltag über die Runden zu bekommen.

Ist dies das Bild eines Menschen, der sich in der Polarität mit dem Geschenk des emotionalen Körpers erleben will?

Viele Menschen können nicht einmal mehr auf ihren Emotionalkörper zurückgreifen, da sie nicht den Mut haben, sich in dieser Tiefe des Gefühls zu erfahren.

Dieser Gott, der den Menschen rein gesellschaftlich ausgerichtet und auf sein egozentrisches Verhalten konzentriert erschaffen hätte, ist nicht der Gott, von dem wir sprechen.

Aus unserer Sicht fehlinterpretiert ihr den Gottes- und auch Schöpfungsgedanken, da die Schöpfung sonst nicht in ihrer Form einfach und unkompliziert wäre, sondern tückisch und hinterlistig.

Solch ein Gott wäre kein liebender Gott – im Sinne von erlöster Liebe des Seins (IST) / stellt sich nicht über oder unter seine Kreation, sondern steht urteilsfrei einer Erfahrungsform in der Seins Ebene gegenüber –, der den Menschen eine Möglichkeit in der physischen Ebene einräumt, um Leben zu erfahren. Gott hat sich keinen Streich erlaubt, sondern ein atemberaubendes, fantastisches Spiel in der Seinsebene der Materie erschaffen.

Wenn wir nun weiterhin von der Matrix sprechen, ist es relevant zu erläutern, dass die Matrix ein erschaffenes Muster ist, das Schwingungen absorbiert und wieder zurück auf den Absender und dessen Umfeld schickt. Die Matrix absorbiert Schwingungen, die in Form von Gedanken, Worten, Taten, Reaktionen, Meinungen, Glaubenssystemen, Prägungen und, vor allem, von Emotionen abgesendet werden. Diese Schwingungen werden wieder auf die Erde zurückgesandt und machen dem einen oder anderen Menschen das Leben leicht und/ oder auch schwierig.

Nun müsst ihr keine Angst davor haben, in Schwingungen zu verfallen, aus denen ihr erwachsen seid, da Resonanzen nur auf Felder treffen, die noch diesen spezifischen ausgesandten Erfahrungsgehalt durchlaufen müssen.

Um das genauer zu erklären, möchten wir darauf verweisen, dass ihr Menschen sozusagen auf eure menschlichen Gegenüber in der Form reagiert, wie ihr es selbst in euren Erfahrungen noch zu verarbeiten habt.

Ein Mensch beispielsweise, der von seiner eigenen Schönheit überzeugt ist, hat kein Problem damit, wenn sich ein anderer Mensch über sein Aussehen auslässt. Genauso wird ein kluger Mensch nicht in Verlegenheit geraten, wenn er eine Aufgabe nicht sofort meistern wird. Umgekehrt ist es so, dass ein Mensch, der sich nicht besonders schön findet, stark auf Urteile über seine Erscheinung aus der Außenwelt reagieren wird, und ein Mensch, der mit seinen Leistungen hadert, wird ebenfalls betrübt sein, wenn sich andere über seine Dummheit ereifern.

Diese Beispiele sollen euch vermitteln, dass Schwingungsfelder nur in Resonanz mit euch treten können, wenn eure Energiekörper dort ein „Leck“ oder eine Blockade aufweisen und ihr dadurch mit Verteidigungsmechanismen reagiert. Das, was euch in eurem Erfahrungsfeld nicht tangiert, wird sich sozusagen auch nicht in Kommunikation versetzen.

So ist es auch mit den Sendungen der Matrix. Ihr Menschen gebt, wie schon erläutert, die Informationen in die Matrix ein, und die Matrix sendet sie zurück an euch und/oder an Menschen mit ähnlichen Schwingungsfeldern. Das ist ein außerordentlich guter Mechanismus und hat unter anderem den Vorteil, dass ein Mensch mit einem ähnlichen Schwingungsmuster wie ein anderer zur gleichen Zeit meistens etwas erfindet oder Inhalte erlernt, obwohl der andere Hunderttausende von Kilometern entfernt ohne Wissen über diesen Kollegen sein mag (siehe der hundertste Affe).

Der Vorteil dieser Struktur kann darin liegen, dass Menschen, die sich mit ihrem Bewusstsein auseinandersetzen, auch hoch schwingende Frequenzen oder, anders ausgedrückt, bewusste Informationen in die Matrix eingeben und sie wiederum dadurch an Menschen aussenden, die die Bereitschaft tragen, ihrer Welt und ihrem Sein mit Liebe zu begegnen.

Das bedeutet, dass sich zwangsläufig gute und bewusste Mechanismen und Erfahrungsgehalte unter den menschlichen Energiekörpern verteilen, wie natürlich auch gleichzeitig unbewusste und destruktive Verhaltensformen an den Menschen angelehnt werden und dieser sich in seinem noch kollektiven Wahrnehmungsvermögen gut betrachten muss, welche Struktur sein Leben und seine Verhaltensweisen vorrangig bedienen soll.

Ihr seid also in eurer Entwicklung gegenwärtig noch in Abhängigkeit mit dem kollektiven Wahrnehmungsfeld verbunden, was bedeutet, dass ihr, wenn die Mehrheit der Menschen niedrige Lebensweisen und Ängste bevorzugt lebt, wiederholt in Felder eingebunden seid, die euch zu niederen Verhaltensweisen bringen.

Demnach habt ihr die Aufgabe, euch in euren Feldern und eurem täglichem Erleben zu beobachten, um euer eigenes Bewusstsein zu schulen, euch zu entdecken und zu entscheiden, ob ihr vergangene Begrenzungen noch aktiv werden lassen wollt oder ob die Zeit gekommen ist, alte Mechanismen zu beenden.

Wir haben in diesem Abschnitt bereits erklärt, dass euer Emotionalkörper ein Geschenk eurer physischen Ebene ist, und bezogen auf die Matrix dient er als immenser Verstärker in der Erschaffung von Realitäten.

Das heißt, dass alle Ängste, Verletzungen, Leid, Glaubenssysteme, die Sicherheiten versprechen, und viele verschiedene menschliche Verhaltens- und Erlebensformen, die emotionale Tendenzen tragen, eine wesentlich stärkere Erschaffungskraft auf der irdischen Ebene haben als relativ unemotionale Verhaltensweisen.

Wie innen, so außen – wie unten, so oben: Alles wiederholt sich letztlich, und ihr müsst im Grunde nur wie in einem Computerspiel begreifen, mit welchen Mechanismen ihr permanent ausgetrickst werdet. Es sind letztlich wirklich überschaubare Mechanismen, die den Menschen kontinuierlich an denselben Punkten scheitern lassen. Und er hat nichts dagegen, sich immer wieder an denselben Punkten seiner vertrauten unerlösten Weltanschauung zu begegnen.

So ist beispielsweise auch das menschliche Gehirn aufgebaut: Wenn ein Kind einen recht trockenen Schulstoff auswendig lernen muss und nach der schulischen Pflichtübung an ein doch ziemlich emotionales Computerspiel geht, verdrängen und dominieren der emotionale Wert und die daraus resultierende Erfahrung die bereits vorher mühsam in das Gehirn gepaukte Materie, und das Kind hat Schwierigkeiten, den Schulstoff überhaupt noch zu behalten.

Euer Gehirn ist damit genauso aufgebaut wie eure Energiekörper und letztlich alles Leben in der physischen Ebene. Das Gehirn verwertet alle emotional betonten Erfahrungen und Realitätszustände in einer wesentlich stärkeren Form als unemotionale Inhalte.

Ein Lehrer, der es schafft, seinen Kindern das Lernen des Schulstoffs und dessen Inhalte in einer abwechslungsreichen und interessanten Weise zu vermitteln, wird nicht nur freudige Kinder in der Schule sitzen haben, die auch den Lehrer für seine Freundschaft und Vermittlungsversuche wertschätzen, sondern vielmehr wird der Lehrer die freudige Erfahrung machen, dass seine Schüler wesentlich schneller und effektiver lernen und den Schulstoff somit einfacher und korrekter wiedergeben können als bei Lehrern, die ihren Schülern den vorgegebenen Stoff auf eine trockene Lehrbuchtätigkeit reduziert übermitteln wollen.

Ein Kind will lernen – es geht nur um die notwendige Motivation, die es braucht, um Lerninhalte zu absorbieren. Wir wollen hier noch einmal betonen, dass ein Kind lernen will! Es existieren in eurer Wirklichkeitsebene bereits Schulen, die versuchen, durch die Lehren von außergewöhnlichen Menschen, wie beispielsweise Maria Montessori und Rudolf Steiner, den Schulstoff auf einer spielerischen und motivationsbetonten Grundlage zu vermitteln.

Doch auch hier steht und fällt das Konzept mit der Bereitschaft des Pädagogen, sich an diese, aus vielerlei Ansicht als

„verstaubte" Form der Pädagogik beurteilte Form des Lernens zu halten. Es gibt leider eine Mehrheit unter euch, die glauben, dass diese Form des Lernens nicht mehr im Zeichen eurer Zeit stehen würde. Eine Mehrheit an Eltern sind dem Glauben verfallen, dass ihr Kind nur gesellschaftlich mithalten kann, wenn es sich der besten Schule im Land unterwirft und dabei akzeptieren muss, dass Leben in seiner ureigenen Form dabei leider nicht möglich ist.

Vielleicht schafft ihr es dabei wirklich, euer Kind an das gesellschaftliche Spiel so heranzuführen, dass es – gesellschaftlich gesehen – mit Bravour bestehen kann. Nur werden Menschen unter diesem Regime des Bestehens und Funktionierens in ihrem Leben zwangsläufig irgendwann feststellen, dass sie sich selbst verloren haben und sich spätestens unter einem kranken Körper fragen müssen, was eigentlich falsch gelaufen ist.

Und dieser Verlauf ist sozusagen vorprogrammiert! Ihr lebt gegenwärtig ein Leben, das die Magie des Aufstiegs in sich trägt, und gleichzeitig versucht ihr, euch wie zwanghaft an den alten Formen festzuhalten. Ist denn in euren Augen ein Kind, das unter Motivation und eigener Ausrichtung lernen und leben darf, in euren Augen ein schlechteres und dümmeres Wesen? Genießt ihr eure Kinder mehr, wenn sie wie ferngesteuert ihre Computerarbeiten verrichten, als wenn sie freudestrahlend über den Fußballplatz rennen und mit ihren Phantasien beim Bauen und Erschaffen ihrer Welten die Zeit vergessen? Hier stellt sich die Frage, was ihr bereit seid, zuzulassen.

Ihr Menschen braucht gegenwärtig viel Vertrauen, um eure Welt in die Veränderung gehen zu lassen, da ihr euch nach Stabilität und Sicherheit sehnt. Warum eigentlich? Stabilität und Sicherheit sind feste Zustände, die nicht wirklich die Flexibilität von Leben ermöglichen.

Und das führt zu der grundlegenden Frage zurück: Seid ihr Menschen bereit, zu leben? Und was bedeutet Leben für euch?

Wenn wir nun zurückkehren zu dem Thema eurer Schulen, sind wir davon überzeugt und tragen letztlich auch ein Wissen darüber, dass ihr gerade in eurer gegenwärtigen Zeit den Glauben an ein Leben durch den emotionalen Körper wieder aktivieren müsst, da ihr euch sonst in dem Trend des Computerzeitalters mit der Kontrolle der mentalen und technischen Ausrichtung verirren werdet.

Versucht zu verstehen, dass ihr keine Computer seid, sondern energetische Wesen in einem menschlichen Körper, die das Verlangen auf Erfahrung durch emotionale Inhalte haben. Kein Mensch unter euch ist letztlich fähig, sich ständig einem technischen oder motorischen Feld auszusetzen, dabei emotional komplett abzustumpfen und seine energetischen Felder somit niedrig schwingend und dunkel werden zu lassen.

Eure Kinder werden unter dem Regime von Technik, Computer und Medien allgemein und auch auf mentaler Ebene unruhig, und ihr werdet sehen, dass der Kreislauf sich zunehmend verdichtet. Ihr könnt diesen Kindern nicht helfen, indem sie Tabletten schlucken, durch die ihr versucht, sie ihrem Umfeld anzupassen und sie dadurch weiter weg von ihren eigenen energetischen und letztlich menschlichen Ausrichtungen und Eigenschaften bringt.

Das Kind wird unter dem Einfluss von beispielsweise Ritalin zwar vermeintlich ruhiger werden, und auch die schulischen Leistungen werden scheinbar besser, aber das Kind geht in eine Manipulation bezüglich seiner eigenen energetischen und menschlichen Anlage. Die ursprünglich hohe Resonanz seines energetischen Körpers wird verändert und letztlich überholten Mechanismen angepasst.

Das Kind unterliegt somit einer Bewusstseinsmanipulation. Das energetische Feld eines Menschen unter Drogeneinfluss hat immer den Effekt, dass die Gehirnströme verändert werden, wodurch versucht wird, ihn Lebensumständen anzupassen, die sein Feld verdrehen. Das bedeutet, dass die ursprünglich lichten und hellen Felder so verdreht werden, dass sie alten und dunklen Umständen angepasst werden können. Um es ganz klar auszudrücken: Das neue lichte Feld wird einem alten und dunklen Zustand angepasst.

Hier werdet ihr euch früher oder später die Frage stellen müssen, ob es sinnvoll ist, die hoch schwingenden Energien in euren Kindern zu unterstützen und damit den bewussten Wandel in eurer Welt vollziehen zu lassen, oder ob ihr versucht, die Energien der Neuen Kinder den überholten und nicht mehr möglichen alten Formen weiter anzupassen.

Ihr müsst euch unsere Verwunderung vorstellen. Eure alte Welt ist einem Zusammenbruch nahe – zumindest auf der Ebene des alt gewohnten Zustands und der Definition von Leben, die ihr bislang abgespeichert habt. Das bedeutet, dass einem normal funktionierenden Gehirn klar sein müsste, dass diese alte Welt keine langfristige Überlebenschance mehr hat. Eure Meere gehen kaputt, werden verstrahlt, eure Pole schmelzen, und Leben wird auf drastische Art und Weise reduziert und missachtet.

Diese Welt wäre wirklich dem Untergang geweiht, und das ist unserer Ansicht nach auch in Ordnung, da ihr auf dieser Form der Lebenserfahrung nicht viel ausgelassen habt und euch nun zur Genüge auskennt, was in dieser Erfahrungsform geschehen könnte. Also ist somit die alte Welt überholt.

Nun kommen eure Kinder in eure Welt, mit hoch schwingenden Energiekörpern versehen, und haben die Kapazität, eure energetischen Felder und damit das Leben auf Terra nachhaltig und bewusst zu verändern.

Das heißt, die Menschenkinder in diesen hoch schwingenden Feldern sind eure Rettung, da die Matrix davon genährt wird und die Welt sich aufgrund der Resonanzen von Liebe und Mitgefühl in hoch schwingende Felder versetzt und damit Wissen reaktiviert wird. (Ihr müsstet eure Kinder nicht mehr in veraltete Schulsysteme stecken, da ihre Gehirne dieses Wissen und wahrlich wesentlich mehr Informationen einfach ausschütten würden.)

Eure heutigen Pädagogen könnten sich geehrt fühlen, wissende Kinder und Menschen unterrichten zu dürfen und ihnen dabei die Möglichkeit zu geben, ihre Energiekörper in das weltliche Leben einzubringen.

Durch die hoch schwingenden Felder sind ihre Gehirne durchflutet von lichter Energie, und damit schütten sie Wissen aus, das in den Regionen der dunklen und unbelebten Ecken des Gehirns bislang verborgen gehalten wurde.

Und das ist wiederum wichtig und hat durchaus seine Berechtigung, so lange der Mensch nicht das wahrhaftige Bestreben hat, sich wirklich liebend in der und durch die Welt zu begegnen.

Stellt euch vor, was der Mensch mit altem Wissen anstellen könnte, das weit mehr Informationen ausschütten würde, als es das größte Genie oder gar ein Computer eurer weltlichen Ebene könnte.

Der Mensch würde dieses Wissen missbrauchen, wenn er nicht aus der Form des alten Lebens aussteigt.

Es gab und gibt immer wieder Menschen in eurer weltlichen Ebene, die an spezifisches Wissen gelangen – ein Genie oder auch ein autistischer Mensch –, das für das normale Gehirn nicht zugänglich ist. Was machen diese Menschen anders? Oder auch: Was macht sie aus, dass sie so anders sind? Diese Menschen agieren einfach unterschiedlich über ihre genetischen Kodes oder sind größtenteils noch in anderen Realitätsebenen. Sie haben schlicht andere energetische Zentren und benutzen ihre energetischen Körper in spezifischen Formen.

Ihr werdet erleben, dass bereits in einigen Jahren deutlich zu erkennen sein wird, dass immer mehr Jungen den schulischen Anforderungen weniger entsprechen können, als Mädchen dazu imstande sind. Es ist relativ einfach zu verstehen, dass es daran liegt, dass Jungen deutlich mehr zu Computerspielen neigen als Mädchen und die Spiele immer emotionaler und wirkungsvoller aufgebaut werden. Mädchen sind im allgemeinen nicht so begeisterungsfähig für Computerspiele wie Jungen und dadurch auch nicht so anfällig, sich diesen Mechanismen und abstumpfenden Szenarien auszusetzen.

Das ist ein weiterer wichtiger Punkt, da Jungen durch die Computerspiele so sehr mit Gewalt in Verbindung gebracht werden, dass sie emotional abstumpfen müssen, und deshalb haben sie nicht mehr die Möglichkeit, wirkungsvoll durch die irdische Matrix zu kreieren.

Das hat destruktive Auswirkungen: Könnt ihr euch vorstellen, dass der Mann in eurer Welt grundlegend die Aufgabe vertritt, die weltliche Ebene zu bedienen und zu verstehen, letztlich sich mit ihr zu vereinen, um Leben in der irdischen Ebene bedienen zu können?

Wenn nun aber dieser Mann emotional abgestumpft in der Welt spazieren geht – was übrigens zwangsläufig zu Dummheit führt, da das menschliche Gehirn ohne emotionale Regungen niedrig schwingend und damit energielos, das heißt, dunkel wird –, dann kann er seine Ausrichtung nicht effektiv einbringen.

Er wird sich auch zunehmend überflüssig und minderwertig gegenüber der Frau fühlen und ist dann unfähig, machtvoll und verantwortungsbewusst zu kreieren.

Der Mann in eurer Welt fühlt sich oft überfordert mit seiner Position. Er erkennt sich durch seine Vergangenheit als Held oder als Versager; entweder gelingt es ihm, zu bestehen oder einfach unterzugehen und letztlich zu gewinnen oder zu sterben. Der Mann will dominieren, um der Angst, überflüssig zu sein oder wertlos zu erscheinen, aus dem Weg zu gehen.

Nun ist es aber in der gegenwärtigen Zeit so, dass nicht nur die Frauen nach gefühlvollen Männern Ausschau halten, sondern sich der Mann nur wahrhaftig in der gegenwärtigen Zeit seinen Platz einräumen kann, wenn er emotional geöffnet ist, da das bewusste Erschaffen von Realitäten sonst nicht möglich ist.

Und hier begegnet der Mann sich selbst in einer gegensätzlichen Form. Er glaubt, heldenhaft und dominant sein zu müssen, um sich seinen Platz im Revier aufrechterhalten zu können, und gleichzeitig weiß er um die Unabhängigkeit der Frau.

Eure bewussten Frauen wollen nicht an der weltlichen Front stehen und versuchen dennoch meistens, alles zu bewerkstelligen, um die Kontrolle über das weltliche Sein zu haben.

Eine lichtvolle energetische Frau will sich, der Schöpfung und den kosmischen Gesetzen entsprechend, wissend bewegen und letztlich die Form der reinsten Liebe und Mutterschaft zu ihrem Umfeld und ihren Kindern leben. Sie ist wissend und spielt nicht mehr länger die unterwürfige, naive Frau, die sich nicht zugesteht, ihre Meinung und ihre Gefühle zu äußern. Auch hier unterliegen jedoch viele Frauen dem Missverständnis, das Zepter in die Hand nehmen zu müssen (zu kontrollieren und auch zu manipulieren) und in der Position eines Mannes erst einmal die Vorherrschaft zu übernehmen.

Es ist einfach die Zeit gekommen, in der ursprünglichste Formen ihren Platz einnehmen dürfen, in der Mann und Frau ihren emotionalen Körper geöffnet haben und transparent leben und gleichzeitig die weltliche Ebene durch die mentale und emotionale Form verstehen lernen und sich durch sie erfahren und definieren können.

Mann und Frau bilden zusammen in dieser Ausrichtung die Perfektion des menschlichen und schöpferischen Ausdrucks. Beide Formen von Männlich und Weiblich verschmelzen hier zu einem wissenden Sein, in dem die Zusammenkunft göttliches Potenzial hat.

So ist die Schöpfung geschrieben: Ihr lebt in der Polarität und erfahrt durch die Verschmelzung der Polaritäten das Göttliche in seinem ursprünglichen Potenzial – absolute Klarheit und Wertfreiheit/der Nullpunkt (siehe nächstes Kapitel).

Viele unter euch werden sich nun denken, dass sie mit ihrem gegenwärtigen Partner/ihrer gegenwärtigen Partnerin niemals das erleben werden, da er/sie nicht reif genug ist, das soeben Geschriebene in eine Realität zu wandeln.

An diesem Punkt möchten wir euch wiederum auffordern, erst einmal vor der eigenen Haustür zu kehren und zu betrachten, inwieweit ihr selbst das notwendige Potenzial mitbringt, um das Göttliche im Menschlichen zu erleben. Euer Partner ist euer Spiegelbild (Resonanzpartner/Projektion) und lebt meistens ähnliche Prinzipien wie ihr, auch wenn die Schwingungsebenen der beiden vollkommen unterschiedlich sein können und somit die Bewusstseinsformen, die es jeweils zu erfahren gilt. Ein Beziehungspartner kann ein „niedrigeres Level“ in einem

Programm erfahren und doch die gleichen Erfahrungsformen/ Resonanzen wie sein Partner anstreben; das bedeutet, dass der scheinbare Ablauf des Programms „gleich“ sein kann, aber die bewusste Integration der zu erfahrenden Wahrnehmung von der Frequenz und damit von der Bewusstwerdung vollkommen andere Ansprüche und Bewusstseinsinhalte verzeichnet (je nach Schwingungsebene und letztlich „Seelenalter“).

Wenn sich jemand mit Partnern wie Alkoholikern oder auch Besserwissern umgibt, dann würden wir euch gerne nahebringen, dass ihr bei euch selbst ehrlich anfangen solltet zu betrachten, ob sich auch in euch ein Besserwisser und ein urteilender Mensch verbirgt.

Zu welchen Süchten neigt ihr in diesem Fall selbst? Habt ihr euch eine Schuld nicht vergeben und müsst erst einmal andere Schuldige finden, um euch noch wenigstens kurz über der Wasseroberfläche zu halten? Oder seid ihr in eurer vergangenen Zeit schuldig gesprochen worden und habt gelernt, Situationen und Geschehnisse sofort auszugleichen und versucht, sie zu harmonisieren, da eure grundlegende Struktur nicht erlernt hat, dass ihr die Schuld als Projektion von anderen Menschen durch ihre eigene Unzulänglichkeiten vermittelt und übertragen bekommen habt?

Habt ihr beispielsweise in euren eigenen Augen als Mutter/ Vater versagt und versucht, die Schuld anderen Menschen in die Schuhe zu schieben?

Wir wollen euch hier einfach klarmachen, dass es niemals einen anderen Schuldigen für die eigene Unzulänglichkeit gibt, glücklich und friedvoll zu leben.

Viele von euch suchen wahrhaft immer wieder Realitäten, um sich ihre Unschuld hinzudiskutieren, und verfallen dabei meistens der Glaubwürdigkeit ihrer selbst erdichteten Geschichten.

Das bedeutet beispielsweise, dass ein Mensch mit der Verantwortung für sein gegenwärtiges Handeln nicht klarkommt und in seiner eigenen Beurteilung Fehler gemacht hat: Er ist „fremdgegangen“, hat gestohlen oder gelogen, sich an einem anderen Menschen bereichert oder sich seiner Kinder entledigt.

Alle diese Handlungen müssen sich – da ihr alle Gottes Kinder seid – schlecht und nieder anfühlen, und um diesem Gefühl zu entweichen, habt ihr eure eigene Geschichte über das Geschehene erfunden, die euch von der Verantwortung entbindet und euer Gewissen entlasten und reinwaschen soll.

Um nicht wieder als Geschichtenerzähler entlarvt zu werden, wollt ihr nun, dass diese Geschichten wirklich wahr sind, und ihr beginnt, aus den Realitäten des Geschehenen nur Pointen herauszuarbeiten, die zur Entlastung der neuen Geschichte dienen. Dann werden diese einzelnen Pointen zusammengefügt und verstärkt, sodass ein neues Bild mit einem anderen Geschmack und letztlich einer erfundenen Geschichte daraus resultiert, und ihr glaubt und wiederholt diese Geschichte so intensiv, dass sie als neue, scheinbar wahre Realität ihre Berechtigung in eurem Leben und Tun erhält.

Nur ist hier die Frage, warum ihr so sehr darauf bedacht seid, dass alle Menschen um euch herum diese Geschichte hören und anerkennen müssen? Die Antwort ist einfach: Ihr wisst in euren Tiefen um die Lüge in eurem Leben und darum, dass ihr versucht, anderen Menschen eine Geschichte und eure Unschuld zu verkaufen, obwohl ihr euch in euren Handlungen oder Gedanken anderem Leben gegenüber schuldig gemacht habt.

Aus energetischer Sicht gibt es, wie mehrfach erläutert, keine Schuld, da immer Aktion und Reaktion in einem zusammenhängenden Feld stattfinden, und doch lebt ihr in der irdischen Definition unter der Maxime der Selbsterfahrung in der Identität von Liebe und Mitgefühl. Dadurch sind „Vergehen“ wie Lügen, Misshandlung, Geiz, Betrug, Töten usw. alles Handlungen, die eine Form der Schuld auslösen und euch zudem in niedrigen energetischen Schwingungsebenen verharren lassen.

Und hier beginnt wieder der Kreislauf von Unbewusstsein, niederen Handlungen und unerlöstem Zustand.

Also gibt es demnach in eurer physischen Welt das Verhalten, das Schuldgefühle in euch auslöst, da alles in euch bestrebt ist, zu lieben und euch in dem Nächsten zu entdecken. Misshandelt oder belügt ihr euren Nächsten, bestraft ihr euch selbst und werdet automatisch niedriger schwingend.

Jeder Mensch auf Terra kennt seine niederen Verhaltensstränge, instinktives, fast tierisches Verhalten. Viele energetisch niedrig schwingende Menschen auf Terra praktizieren beispielsweise Sex auf einem sehr anspruchslosen niederen Niveau, das an tierische Instinkte erinnert – wobei Tiere nicht anspruchslosen Sex praktizieren, sondern sie handeln instinktiv und bedienen das Paarungsverhalten.

Der Planet Terra in seiner Form der Erfahrung der Dritten Dimension ist dafür vorgesehen, dass ihr aus euren Fehlern letztlich lernen, durch stetes Bewusstwerden wachsen und euch zu einem mündigen Licht der Dritten Dimension bekennen könnt.

Aber absurderweise dürft ihr aufgrund eurer Prägung und der instinktiven Verhaltensmuster – auch tierisch, da ein Fehler das Leben kosten kann – wohl keine Fehler machen und müsst in der Schiene der weltlichen Erfahrungsform von Anfang an bestehen, sonst werdet ihr vermeintlich enttarnt und letztlich vernichtet.

Ihr seid in die Vergessenheit gegangen, könnt euch dank eurer Vorfahren an Geschichten erinnern, habt jeder eure eigenen Geschichten dazu geformt, seid ungnädig und undankbar und die meisten Menschen unter euch voller Urteil.

Enttarnt eure Geschichten, erlebt euch wahrhaftig und wendet euch endlich euch selbst zu – in guten und in schlechten Zeiten. Entschuldigt euch und bittet eure Lieben um Einsicht und gesteht zu, Fehler gemacht zu haben.

Wenn ihr eure Kinder missbraucht, schlecht und lieblos behandelt oder sie gar abgeschoben habt, dann gibt es durch die Einsicht und die Liebe immer einen Weg zurück ins Herz.

Kein Kind der Welt wird für immer gegen seine Eltern angehen können, da es sonst nicht lernt, sich in der reinsten Form seines eigenen Ausdrucks anzunehmen.

Dabei sind die Männer in einer Situation von menschlichem Schuldverständnis meistens die Mächtigen, die versuchen, durch Autorität und Dominanz schlicht den Helden und den Unschuldigen zu spielen, und eure Frauen sind in diesen Situationen die Intriganten, bei denen man bei genauer Betrachtung die Herzlosigkeit und die Berechenbarkeit schwieriger wahrnehmen kann als bei den doch gradliniger und einfacher gestrickten Männern.

Frauen in eurer Welt haben enorme Kräfte, da ihr Ausdruck durch den emotionalen Körper – Schöpfungsanschluss – unbewusst mehr machtvolle Energien freisetzt als Männer, die ihren Ausdruck normalerweise auf Terra durch den mentalen Körper leben, der wesentlich weniger ursprüngliches Kraftpotenzial freisetzt, da der mentale Körper auf die weltliche Ebene gerichtet ist und somit in veralteten Strukturen durch die Definition des Egos geht, um vermeintlich Kraftpotenzial zu aktivieren.

Dadurch empfindet sich der Mann mehr getrennt von der Schöpfung als die Frau und lebt seine Definition und Identität stärker durch die irdische und weltliche Form.

Der Mann versucht seit geraumer Zeit, seinem Namen und seinem Leben durch Heldentum ein unendliches Sein zu bescheren, da er glaubt, sonst wie die Asche im Wind zu vergehen. Ein Mann in seinem Innersten glaubt nicht an seine Unsterblichkeit, so, wie die Frau es normalerweise im Stillen versteht, und er muss etwas dafür tun, um weiter bestehen zu können.

Ein Mann strebt nach Ansehen und Ruhm und hofft, dadurch einerseits irdische und kosmische Unsterblichkeit zu erlangen, und andererseits durch sein Heldentum zurück zu Gott zu finden.

Götter sind Helden – warum also nicht versuchen, als Held die Eintrittskarte zu Gott zu erhalten? Hier unterliegt aber die Definition dem Fehlverständnis, dass Heldentum in der geschichtlichen Sicht eher etwas mit „Gewinnen" und verdrehter Männlichkeit zu tun hat.

Der Mann, der kämpft und besteht, hat das Recht, von den Göttern anerkannt zu werden.

Der schwache Mann, der weint und sich nicht im Kampf stellt, ist unwürdig und hat versagt. Diesen Mann wollen die Götter nicht in ihrem Reich. Sie wollen Helden.

Wir wollen hier den Film „Troja" ins Gedächtnis rufen, der eine klare Aussage bezüglich des Heldentums einnimmt.

Es geht um Achilles, den Halbgott, der eine Entscheidung treffen wird, ob er mit den Griechen gegen Troja kämpfen soll. Er sucht seine irdische Mutter auf, und diese entgegnet ihm, dass sie um diesen anstehenden Kampf bereits vor seiner Geburt wusste. Er wird sich entscheiden müssen, ob er als Held in die Geschichte eingehen will, dessen Name noch über Generationen bestehen und nachhallen wird, er jedoch mit jedem ruhmreichen Tag in Troja seinem Untergang näherkommt. Er wird letztlich in Troja sterben, aber seine ruhmreichen Taten werden über Jahrtausende Bestand haben.

Oder er wird nicht nach Troja gehen und eine Frau kennenlernen, sie lieben, Kinder haben und ein langes, glückliches und bescheidenes Leben führen. Achilles entschied sich für den Helden und seinen physischen Tod...

Habt ihr schon einmal beobachtet, wie verbissen Männer versuchen, bei einem Match oder einem Spiel zu gewinnen? Etwas heftiger noch als im Privaten geht dieser Machtkampf dann im Beruflichen oder allgemein im Weltlichen vonstatten. Hier verlieren viele Männer ihre eigene Moral und soziale Kompetenzen und wollen unbedingt – wenn es sein muss, auch vor ihrem kleinen Kind – den großen Mann spielen, der sich als Held und Gewinner mit dem göttlichen Anspruch identifizieren kann.

Ein Mann glaubt in seinem Innersten, wie bereits beschrieben – mehr als die Frau –, den Kontakt zur Schöpfung verloren zu haben und es nur wert zu sein, wieder aufgenommen zu werden, wenn wahrhaft heldenvolle Taten geschehen sind. Also ist der Mann gezwungen, sich zu beweisen.

Für Frauen ist solch eine alltägliche oder auch wiederkehrende Szene meistens eher anstrengend oder bedrückend, wenn der Vater sich vor seinem kleinen Sohn beweisen will und beispielsweise ein „Mensch ärgere dich nicht“ unbedingt gewonnen werden muss.

Wenn ihr nun einmal die Frauen dabei beobachtet, dann sind diese meistens dafür, dass ihre Kinder gewinnen sollen – eben auch, damit diese sich unbewusst zum Helden deklarieren können.

Wir wollen hiermit klarstellen, dass diese Maßnahme nicht unbedingt die bessere Aktion darstellt, da, energetisch gesehen, der Junge ebenfalls beginnt, sich damit auseinanderzusetzen, dass er sich gut und toll fühlen darf, wenn er ein Spiel gewonnen hat, über die Frau triumphiert und noch dazu die Struktur aktiviert wird, welcher der Vater bereits erlegen ist: das Anstreben des heldenhaften Verhaltens.

Wir möchten euch dazu motivieren, eine ausgeglichene und damit erlöste Position einzunehmen – zu erlernen, dass die weltliche Erfahrung ein Abenteuer ist, das den Erfahrungsaspekt zwischen Gewinnen und Verlieren und die Möglichkeit der Selbsterfahrung durch den emotionalen Körper ermöglicht –, also euren Kindern demonstriert, dass weder Gewinnen noch Verlieren einen Menschen definieren, sondern der Mensch sich schlicht in Polaritäten erfährt, die übrigens in vielerlei Hinsicht vorteilhaft sind.

Ihr Menschen habt gelernt, euch in der Dualität zu definieren, obwohl das so nicht vorgesehen war. Der ursprünglich vorgesehene Erfahrungsweg ist die Polarität. Ihr erlebt euch in Polaritäten wie Glück und Trauer (wie bereits im ersten Buch und im nächsten Kapitel aus anderer Warte beschrieben), obwohl es im eigentlichen Sinn hierbei immer um die Dreifaltigkeit geht. Die Polarität sollte euch die Möglichkeit bieten, über die Erfahrung im emotionalen Körper eine Form der Selbsterfahrung im physischen Sinn zu erreichen.

Ihr fühlt euch durch unterschiedliche Polaritäten und könnt euch dadurch deutlicher und klarer wahrnehmen, so lange ihr nicht beginnt, die Wahrnehmung der unterschiedlichen Gefühle zu beurteilen. Die wertfreie Wahrnehmung gibt euch das Gefühl von Sein und Existenz. Doch durch die unbewusste Wahrnehmung und den Fall der Frequenzen habt ihr verlernt, die Polaritäten als Mittel zur Selbsterfahrung zu verstehen und daraus die Dualität gemacht.

Hier geht es nun in erster Linie darum, Schlecht und Gut differenziert zu betrachten und euch in eurem Handeln und Bestreben zu beurteilen. Die menschlichen Urteile führen euch zur Spaltung des eigenen Wahrnehmungsvermögens und machen einen Menschen aus euch, der sich entweder in der Verzweiflung oder in der Selbstüberzeugung und Überheblichkeit definiert.

Daraus entsteht unweigerlich die Konsequenz, weit von dem göttlichen Aspekt und dessen Wahrnehmung entfernt doch noch zu bestehen und ein Leben lang zu versuchen, sich das Recht zu erarbeiten, wieder am Ende des Lebens in den Schoß der Schöpfung aufgenommen zu werden.

Das heißt, dass es zur Pflichtübung geworden ist, zu bestehen und als Held gefeiert zu werden. Der Mann hat sonst Angst, nicht bei Gott aufgenommen zu werden, wenn er nicht Gottes ähnliche Taten vollbringt.

Die Frau weiß instinktiv, jedoch meistens nicht bewusst – auch durch das Gebären eines Kindes –, dass sie göttliche Kräfte besitzt und es dadurch möglich ist, wieder in den Kreis der Göttlichkeit zurückzukehren.

Wäre dies nicht ein leichterer Weg auch für euch Männer, euch als Erzeuger eurer Kinder zu fühlen und zu wissen, dass bereits Götter in euch schlummern?

Aber ihr verweigert noch diesen Zugang und versucht nur, als Vater so gut wie möglich präsent zu sein, anstatt euch wirklich als Mitschöpfer zu erleben und zu akzeptieren.

Da es immer wieder der Fall ist, dass einige Männer unter euch anzweifeln, wirklich Erzeuger des eigenen Kindes zu sein und somit auch ihre Babys verleugnen, ist es in der irdischen Natur so, dass die Säuglinge und Kleinkinder meistens dem Vater äußerlich recht ähnlich sehen. Nicht dass hier das männliche Sperma heldenhafter als die Eizelle der Frau angesichts der genetischen Durchsetzungskraft war, sondern um dem Mann und Vater den Weg zu ebnen, sein Kind durch die äußerliche Ähnlichkeit zu erkennen, sich als Mitschöpfer zu verstehen und nebenbei die Information zu setzen, das heldenhafte Bestreben erlösen zu können, da intuitiv der Impuls der Göttlichkeit verstanden werden kann.

Ihr wisst, dass eure Jungen und Männer im Regelfall das Heldentum noch benötigen, und dennoch ist es, wie bereits erwähnt, eine überholte und störende Struktur geworden.

Denn der vermeintliche Held – der übrigens auch nicht schuld sein darf – ist meistens auf sich bezogen und hat noch nicht gelernt, liebend und mitfühlend mit seinem Nächsten zu sein. Damit verhindert er die innere Bereitschaft der wahrhaften Selbsterkenntnis und somit auch des erlösten Heldentums. Er versteht sich folglich auch nicht auf das bewusste Erschaffen durch die neue Matrix, denn es kann nur, wie bereits beschrieben, als verantwortungsbewusster Schöpfer direkt und in der Liebe (emotionaler Körper) durch die Matrix Realität gezielt erschaffen.

Auch hier verhält es sich so wie bei den Polaritäten: Es gibt das erlöste und das unerlöste Heldentum. Noch strebt der Mensch/Mann – in diesem Konsens – das erlöste Heldentum an und versucht sich dadurch in der Bewusstwerdung zu unterstützen. Es ist aber wiederum nur die Vorstellung des Verstandes, dass erlöstes Heldentum gleichbedeutend zu erleuchtetem Sein steht oder auch zu einer legitimierten Form des bewussten Verstehens.

Es verhält sich wie bei der menschlichen Wahrnehmung zwischen den Polaritäten: Auch hier ist der Mensch bestrebt, gut zu sein, glücklich zu sein und zu lieben, um darin seinen eigenen glückseligen Aufstieg feiern zu können.

Dennoch ist auch dort eine Verfehlung des eigentlichen Themas die Folge: Es ist wahr, dass vermeintlich erlöste Polaritäten wie Liebe, Glück und Freude euch höher schwingen lassen durch die positive Wahrnehmung dieser Gefühle, und durch die dadurch entstehende Frequenzerhöhung findet folglich die Integration von bewusster Wahrnehmung statt – jedoch nur unter der Regie des Verstandes.

Somit ist der Aufstieg wiederum in sich begrenzt, und der Mensch kann nicht in seine eigentliche freie Natur gehen – die völlige Wertfreiheit und Freiheit allgemein.

Diese eigentliche Seinsstruktur steht nicht in der Beurteilung und in den Notwendigkeiten, geliebt und anerkannt zu sein.

Das wertfreie und freiheitliche Selbst bezieht sich nur noch auf das Sein ohne Wertung – ihr erkennt in diesem Satz, dass es dazu nichts mehr zu sagen gibt, da sich die Aussagen gegenseitig bedingen.

Der Verstand hat hier nichts mehr zu suchen – es ist die Erlösung des Egos und die Stille des Verstandes, die eine Plattform geben, auf der Wahrnehmung ohne den Verstand existieren darf und der Mensch zum neutralen Beobachter seiner selbst wird.

☆☆☆

Nullpunkt oder einfach Klarheit

Es war einmal ein kleines Licht. Es hatte das Gefühl, dass irgendetwas in seinem Sein fehlte. Da ging es zu Gott und fragte: „Gott, wer bin ich eigentlich?“ Darauf entgegnete Gott: „Das weißt du doch. Du bist das Licht.“ Das kleine Licht schaute Gott an und meinte: „Ja, ich weiß es, weil das Wissen in mir darüber vorhanden ist, aber ich kann es nicht fühlen. Ich kann nur davon ausgehen, dass meine Existenz Licht ist, aber es macht mich betroffen, nur das Wissen akzeptieren zu sollen und nicht zu spüren, was mich ausmacht.“

Gott blieb für einen Moment still und antwortete schließlich: „Dann kann ich dir nur damit helfen, dass ich aus dir den Schatten mache und dich in eine Erfahrungsform gebe, die dir ermöglicht, dich aus dem vollkommenen Vergessen über dein Selbst neu zu erfahren. Du wirst die Polaritäten als Hilfestellung erhalten, um dich zu erfühlen. Dann wirst du durch bewusstes Erfahren deinen Weg aus dem Schatten, der du nicht bist, in das Gefühl, dass du reines Licht bist, zurückfinden. Und damit hast du transparentes, erfahrenes Wissen um dich selbst.“

Das Licht strahlte hell auf und rief freudig: „Das hört sich wunderbar an! So soll es sein!“ Und Gott machte aus dem kleinen Licht Schatten, um ihm die Möglichkeit zu schenken, gegebenes in erfahrendes Wissen über das Sein zu verwandeln, und schenkte ihm für seine anstehenden Erfahrungen den schönsten Abenteuerspielplatz in der Ebene der Dritten Dimension – Mutter Erde!

Wir haben diese Geschichte des kleinen Lichts nacherzählt, um euch ein Gefühl für die nachfolgenden Ausführungen zu geben.

Im vorangegangenen Buch haben wir bereits über die Polaritäten in der dreidimensionalen Welt geschrieben. Nun wollen wir über die „göttliche Absicht" der Polaritäten sprechen und weitere Erklärungen zu den Ausführungen dazufügen:

Die Polaritäten bildeten ursprünglich die Grundlage für die bewusste Erfahrungsform in der Dritten Dimension. Sie sind die wertfreie Wahrnehmung, um durch den emotionalen Körper in die Seinserfahrung gebracht zu werden.

Durch den Fall der Schwingungsfrequenzen (Abstieg) ist die Polarität in die Wertung/Beurteilung gebracht worden, da der Mensch „negative Gefühle" wie Hass oder auch Trauer als eine unerlöste und schmerzhafte Form empfindet.

Durch das Urteil der Menschen über die „unerwünschten Gefühle" und die leidvollen Erfahrungsformen in den niedrig schwingenden Frequenzen entstand die Dualität, da der Mensch aus Angst vor Unglück das Bedürfnis hat – der unmündige Mensch in seiner Bewusstlosigkeit –, sich in seiner Wahrnehmungsform vermeintlich zu beschützen und dadurch versucht, sich „Glück" zu bescheren und somit nur die für ihn „erlösten Gefühle" zu erfahren.

Das Streben nach der menschlich vermeintlich „erlösten Seite der Polarität" gaukelt zwar dem Menschen Glück und Freude vor, führt ihn allerdings auf Dauer in stagnierende Zustände, in denen keine wertfreien Erfahrungsformen mehr möglich sind.

Die Vorstellung des Menschen von Glück macht ihn abhängig und bringt ihn dazu, reine beziehungsweise für seinen Aufstieg notwendige Erfahrungsformen auszugrenzen, da der Verstand und das Ego durch die Wertung der Polaritäten nur bedingt Seinserfahrung zulassen können.

Leben durch den Verstand ist gewertet und macht den Menschen in seiner Bewusstwerdung hilflos und unmündig. Der

Verstand und das Ego lassen grundsätzlich die reine Seins-Erfahrungsform nicht zu.

Die Menschen – die Lichter – sind in die Polarität gekommen, um Seinserfahrungen zu machen. Durch Angst und den Abstieg der Frequenzen begannen sie, ihre Erfahrungsformen zu urteilen/werten, und dadurch entstand aus der Polarität die Dualität.

Liebe und Freiheit in ihrer undefinierten und unbegrenzten Form sind der Nullpunkt des zu erfahrenden Seins und bilden damit reine Klarheit und wertfreie Wahrnehmung aus.

Es gibt an diesem Nullpunkt, der auch die absolute Leere im Sinne von Nichts-Wollen darstellt, nichts mehr anzustreben, zu definieren, zu beurteilen oder auch zu bestehen.

Leben in sich ist wertfrei, und die Wahrnehmung und letztendliche Verschmelzung – welche ursprünglich nur zur Erfahrung des Seins diente – zwischen vermeintlich „erlösten und unerlösten Gefühlen“ – durch Wertung nimmt dies der Mensch in der Dualität so wahr – sowie die emotionale Wahrnehmung des Unterschieds beziehungsweise der Spanne zwischen den Polaritäten sind der Grundstock des Lebens in seiner ursprünglichen Form.

Wir wollen zu diesem Thema erläutern, dass es für manche unter euch eventuell hilfreich wäre, wenn ihr euch eine kleine Skizze anfertigt, auf der links die menschlich interpretierten „erlösten Wahrnehmungen“ und rechts die „unerlösten Gefühle/Wahrnehmungen“ aufgeführt sind; die Mitte ist unser beschriebener Nullpunkt und entspricht hier dem Verständnis der absoluten Klarheit/dem Sein.

Erlöste, angestrebte menschliche Wahrnehmung	**Klarheit/Erkennen des Seins frei von Wertung**	**Unerlöste, nicht erwünschte menschliche Wahrnehmung**
Gewertet	**Urteil**	**Gewertet**
Glück	Nullpunkt	Trauer
Liebe	Nullpunkt	Hass
Freude	Nullpunkt	Traurigkeit
Leichtigkeit	Nullpunkt	Schwere
Schön	Nullpunkt	Hässlich

Energetisch gesehen sind die Wahrnehmungen letztlich nur Erfahrungen, die „keine Vorlieben“ kannten.

Ihr könnt verstehen, wie anstrengend es sein muss, sich ständig durch die Selbstbewertung und -beurteilung der eigenen Gefühle unter Druck zu setzen und zu versuchen, das eigene Leben immer wieder auf die „erlöste Wahrnehmung“ auszurichten.

Die vermeintlich „erlösten Zustände“ geben den Menschen zwar das Gefühl, dass sie ein schönes Leben haben und sich über ihre Güter oder menschlichen Werte gut definieren können, nur ist dies der fehlgeleitete Ausdruck des seelischen Seins, da Leben in diesem Fall vom Verstand gelenkt und dominiert wird.

Ein Selbst oder eine Seele hat keine Ausrichtung oder Begehren, sich über Äußerlichkeiten zu definieren, da diese Form der Identität ein Schein ist und nichts, aber auch rein gar nichts, mit der kosmischen Anlage des Menschen, sich selbst in Erfahrung zu bringen, zu tun hat.

Der Mensch hat sich in die Mitte des weltlichen/irdischen Schauspiels gesetzt und versucht zumeist, die Definition seiner Identität auf eine äußerlich wahrnehmbare Form zu legen. Und dieses Schauspiel ist wahrhaft anstrengend. Ihr müsst quasi ständig darauf achten, dass euer Leben für jeden Menschen nachvollziehbar erlöst ist und nicht nur der Außenwelt bezeugen, dass es doch erlöst und somit scheinbar perfekt ist, sondern ihr müsst es vor allen Dingen euch selbst beweisen, damit euer Ego auf Zufriedenheit schaltet und scheinbarer Friede in euch einkehren kann.

Nicht nur, dass den Schein zu wahren eine anstrengende Kunst ist, da ihr euch ständig Befriedigung erschaffen müsst, um nicht aus dem Kontext „alles ist wunderbar" herauszufallen; noch drastischer ist dabei die Auswirkung, dass ihr im Grunde „fast umsonst" hierher gekommen seid, da im Festhalten der „erlösten Wahrnehmung" keine wahrhaftige Selbsterfahrung stattfinden kann, weil es dort nur die Definition und Aufrechterhaltung über erlernte und illusionäre Glaubenssysteme, Prägungen, Erziehung oder auch Scheinrealitäten gibt.

Nehmen wir beispielsweise einen reichen Mann, der seine Glückseligkeit in der Konsumierung von Luxusartikeln gefunden hat und es sich leisten kann, sich stetig neue Güter zuzulegen, um nicht aus dem Kontext „alles ist jederzeit verfügbar" oder auch „ich kann mir kaufen, was ich möchte und mir damit Freude bereiten" herauszufallen.

Dieser Mann befindet sich jeweils durch das Kaufen eines neues Artikels oder eines luxuriösen Zustands in einer Art „Rauschzustand" und legt seine Definition auf die äußere Begebenheit, um Zufriedenheit oder Glück zu empfinden. Zwangsläufig muss jedoch dieser Mann imstande sein, sich ständig

Güter mit zunehmenden Wert zu leisten, da es jedes Mal einen neuen „Push“ geben muss, um sich in einem weiteren besonderen Zustand zu empfinden und zu definieren. Das bedeutet in diesem Fall, dass Glück von der Definition im Äußeren abhängig wird.

Es wäre aus unserer Sicht eine glückliche Begebenheit, wenn der Fall eintreten würde, dass der Mann entweder erkennen muss, dass ihm diese Welt langweilig wird, da ihm irgendwann nichts Größeres oder Wertvolleres mehr einfällt, oder er alles Geld verliert und damit in die „Normalität“ zurückkehren muss.

Hier könnte man aus menschlicher Warte nun behaupten, dass es ihm großes Leid bescheren würde, sich nichts mehr leisten zu können – aus energetischer Warte bringen diese „Schicksalsschläge“ jedoch oft die heilende und notwendige Wendung.

Ein Mensch, der sich, und damit seinem Verstand, in der „erlösten Wahrnehmung“ der Polaritäten durch „Ersatzbefriedigungen“ eine Glückseligkeit vorgaukelt, ist arm, da er sein ganzes Leben kein wahrhaftiges Glück empfinden können wird.

Dagegen weiß beispielsweise eine Frau, die sich ihren Kindern dienend widmen kann, meistens um das seelische Glück – das Glück, das nicht weltlich gedreht und gewendet und ebenfalls nicht durch die Verstandeskontrolle erreicht werden kann.

Hier geht es ebenfalls nicht darum, stolz auf die Kinder zu sein und hohe Erwartungen an sie zu stellen im Konsens, je weltlich berühmter oder großartiger sie sind, desto toller sind die Eltern, sondern im Kontext: „Ich diene diesem Leben, da ich weiß, dass Leben in dieser Form physisch und seelisch mit mir vereint ist.“

Dieses Glück währt für immer – egal, was das Kind in seinem Leben verrichten wird. Es ist die Botschaft Leben, von der Schöpfung und von Gott.

Noch einmal zu den Polaritäten: Wir wollen hier Goethe als Autor von „Faust“ in einem Ausspruch von Faust wiedergeben: „Oh, Augenblick, verweile doch, du bist so schön!“

Dieser Satz steht für das Festhalten der Polarität in der „erlösten Wahrnehmung“ und wird dadurch kontrolliert und relativ niedrig schwingend, da versucht wird, die „erlöste Wahrnehmung“ für den eigenen Genuss aufrechtzuerhalten.

Der Genuss? Ihr werdet sagen, dass Faust den Moment wirklich genossen hat – hat er auch oder, besser ausgedrückt, sein Ego, denn der Selbstaspekt hätte sich nicht in der weltlichen Definition verloren.

Der Selbstaspekt integriert nur einen wertfrei erfahrenen Selbstausdruck in einer „fassbaren“ und damit energetisch transparenten Form.

Warum konnte er diesen Moment genießen? Weil dieser Moment nach der Definition der weltlichen Glaubenssysteme schön war, und weil das Wesen gelernt hatte, dass dieser Moment Glück bedeuten muss.

Der Punkt ist, dass der Mensch dies nur so empfindet, weil er gelernt hat, so zu empfinden und nicht, weil er wahrhaft Glück aus sich heraus leben kann – das ist eine fast erdrückende Wahrheit.

Das würde für euch bedeuten, dass der Mensch vielen erdachten Illusionen oder Gefühlen hinterherträumt und aus den Tiefen seines bislang verstandenen Seins noch nicht erfasst hat, wonach es sich zu streben, zu leben und zu verstehen lohnt.

Alles nur Glaubenssysteme? Aus unserer Sicht ist das wirklich so, da Schönheit, Wohlstand, Essensmanieren und sogar das Empfinden der Liebe von Kultur zu Kultur unterschiedlich sind.

Das würde aussagen, dass jeder Mensch einfach nur weltlich programmiert ist und durch sein eigenes Dickicht finden und erkennen muss, dass jede Definition durch Äußerlichkeiten nur abhält, sich selbst zu erkennen und euch somit auf Irrwege geleitet hat.

Ihr werdet jetzt fragen, wie man das angehen kann, denn nur mit dem freien Willen alle Glaubenssysteme abzulegen, scheint nicht wirklich möglich zu sein.

Es geht hier um das Begreifen, dass der Mensch alles, was er zu wissen und zu kennen glaubt, fallenlassen muss, seine Wertfreiheit stetig beobachtet und sich in eine Form von Neugeburt, dem Nullpunkt, begibt.

Wie das für den menschlichen Verstand möglich sein soll, ist hier nicht die Frage. Ihr solltet verstehen, dass der Verstand in diesem Szenario nichts mehr verloren hat, da er immer Bezugspunkte braucht und versucht, sich innerhalb eines festgelegten Raums zu definieren. Das bedeutet letztlich wieder, dass ihr nur die Möglichkeit habt, den Verstand in die Stille zu begeben und das Ego zu erlösen.

Fakt ist, dass ihr bislang nicht wisst, was wirkliche Liebe bedeutet und nur nach der Definition der Liebe in der „erlösten Wahrnehmung" Ausschau haltet. Liebe würde in euch im Nullpunkt keine Schmerzen verursachen, da Liebe dann niemals fordernd oder erwartend ist.

Liebe ist ein Seinszustand, der alles in sich vereint und darum weiß, dass es keine festgelegten Räume, definierte Formen oder gar erwartende Forderungen gibt.

In eurer menschlichen Form von Liebe spielt ihr Menschen immer das gleiche Spiel von „Ich fühle mich selbst besser/wertvoller, wenn ich von dir geliebt werde", „ich bin mit deiner Liebe ein besserer, zufriedenerer Mensch", „ich liebe dich, so lange du mich lieben wirst" und „wenn du dich abwendest, dann verdränge ich dich aus meinem Herzen".

Ein Herz im Seinszustand würde so etwas niemals leben können, diese Empfindung wäre schlicht unmöglich, da Liebe ist!

Also wohin mit der Ausrichtung für euch, um wirkliche Liebe zu erfahren? Ihr habt das Angebot der Polaritäten erhalten, um eine Art Schulung für euren emotionalen Körper zu durchlaufen. Dass ihr euch so verheddert in den von euch ersehnten Gefühlen, ist auch nur eine Seinserfahrung, trägt jedoch nicht zur Bewusstwerdung bei.

Im Gegenteil – ihr habt nun genug Zeit damit verbracht, in den angestrebten Gefühlsebenen eine Form von Stabilität zu erwirtschaften – es ist bislang nicht gelungen.

Eine ähnliche Tatsache ist das Altern des physischen Körpers. Es zeigt euch auf, dass ihr das Altern nicht aufhalten könnt, zumindest nicht, indem ihr versucht, es durch Kontrolle zu bewerkstelligen. Natürlich werden hautregenerierende Cremes dazu beitragen, dass die Haut gesünder und unbelasteter zu sein scheint, und auch eure Schönheitsoperationen werden „ihr Ziel" erreichen – das ist dennoch alles weit davon entfernt, wahrhaft zu verstehen, weil ihr versucht, in den vorgegebenen Illusionen zu bestehen und nicht wahrnehmt, dass es nur Illusionen sind.

Es ist aus unserer Sicht im Grunde das Gleiche – der Versuch, die „erlöste Wahrnehmung" in den Polaritäten in den menschlichen Leben zu stabilisieren oder auch das physische Altern aufzuhalten. Beides sind Produkte einer Vorstellung und haben praktisch nur mit einem Kampf mit Ängsten und Defiziten zu tun.

Wenn ihr nun erkennen könnt, dass es so ist, seid ihr einen Schritt weitergekommen, und wenn ihr jetzt noch sehen könnt, dass ihr niemals wahre Gefühle von Glück und Liebe im Festhalten von Verstandes-Vorstellungen erfahren könnt, egal, ob aus Prägungen, Glaubenssystemen oder wie auch immer gearteten Vorstellungen, dann sind wir einen zweiten Schritt weitergekommen.

Da wir in der Definition der Dreifaltigkeit immer einen dritten Schritt benötigen, werden wir euch nun anbieten, in ein wahres Gefühl zu wechseln – ein Gefühl, das durch das Loslassen entsteht – ein Gefühl von Schweben, Bezugslosigkeit und völliger Schwerelosigkeit.

Was es nun zu verstehen gilt, ist nicht ein weiterer Plan des Verstandes, der aufzeigen würde, welche Hintertüren und Skizzen man anfertigen müsste, um einen Schritt weiterzukommen – erinnert an das Schulsystem – auch hier wird euren Kindern vermittelt, dass Lernen und Verstehen nur über Verstand und Kopf möglich sind, weswegen ihr so viele Jahre eures Lebens in Schulsystemen „vergeudet", da der Verstand einfach nicht schneller verstehen kann und er immer wieder Bezugspunkte setzen muss.

Ist euch geläufig, dass es Wissenschaftler gibt, die das Gehirn eines Menschen in wenigen Momenten neu programmieren können und den Menschen, abgedockt von seinem emotionalen Körper, wie einen Roboter einfache Verhaltensvorgaben ausführen lassen? Der Mensch ist dann eine Hülle, die Anweisungen ausführt, und das ist möglich, indem er an einen Computer angeschlossen oder durch künstliche Strahlung gelenkt wird.

Auch hier ist der emotionale Körper stärker als die mentale Einheit.

Gelingt es einem mental programmierten Menschen, durch einen gesetzten Impuls starke Emotionen zu empfinden, kann er aus dieser mentalen Programmierung ausbrechen und zu seinem eigentlichen Sein zurückkehren.

Ihr solltet nun verstehen, dass ihr aus der mentalen Programmierung des Verstandes ausbrechen müsst, um euch selbst wirklich empfinden und fühlen zu lernen. Wir behaupten sogar, dass fast kein Mensch jemals bislang die Möglichkeit hatte, sich selbst kennenzulernen. Ihr seid auch wie programmierte, in Fleisch und Blut gegossene Roboter, die einem seichten Programm entsprechend agieren, und da das Programm eben nur seicht ist, dürft ihr auch seichte/leichte Gefühle empfinden.

Werden die Gefühle stärker, sucht ihr sofort einen Bezugspunkt – eben einen anderen liebenden Menschen, eine äußere Definition, die das Gefühl bestätigt, wie Geld, Luxus oder vermeintlich heldenhaftes Verhalten.

Könnt ihr nun verstehen, dass ihr Gefühlen von starker Liebe ausweichen wollt oder euch nur darauf einlasst, wenn ihr euch im Gegenüber sicher fühlen dürft? Und trotzdem ist diese starke Liebe nicht dem aktuellen Programm entsprechend und wird meistens nach einigen Wochen wieder abflauen. Dann befindet ihr euch erneut im Normalmodus und lebt in der Vorstellung bezüglich eurer Gefühle. Aber hier, in diesem gewohnten Zustand, ist wieder der Verstand Herrscher über eure Natur und wird den Vorstellungen entsprechend versuchen, Realität transparent und sicher zu machen.

Wir wollen nun noch über starke und normale Emotionen sprechen. Ihr werdet nun sagen, dass starke Emotionen nicht in unseren Nullpunkt gehören und sie wieder Stellvertreter der „erlösten Wahrnehmung“ in den Polaritäten sind – dann würden wir antworten, dass ihr nur zu 50 Prozent verstanden habt oder gar nicht.

Starke Gefühle lösen bei euch gegenwärtig fast immer den Impuls aus, nach Sicherheit zu suchen.

Schöne starke Gefühle machen euch vermeintlich hilflos, und ihr sucht nach Sicherheit im Partner oder in anderen Konstellationen. Unerlöste starke Gefühle lösen in euch die Suche nach Erlösung und weiteren sicheren Strukturen aus, um wieder aus den leidvollen Gefühlen herauszukommen.

So lange ihr die starken Gefühle nicht einfach zulassen könnt, werden sie gewertet und lösen immer das Verlangen nach Kontrolle aus.

Starke Emotionen zeigen nur das Geschenk des emotionalen Körpers an, der in der Ebene der Dritten Dimension vorhanden ist, und sind wertfrei in unserem Nullpunkt zugegen.

Die starken Gefühle, die ihr kennt, bezogen auf die erlösten/unerlösten Wahrnehmungen, gehören wahrlich nicht in den Nullpunkt, aber es wäre eine Verfehlung des Themas eurerseits zu glauben, dass dann starke Gefühle der falsche oder kein Wegweiser in die Klarheit wären.

Das Gefühl lenkt und leitet euch und setzt auch intuitiv ein – in einem verstandesfreien Raum –, die Emotion ist der Bodensatz eurer Erfahrungsform und eures Wegs des Seins – sie erschafft Realität.

Klarheit und wertfreie starke Emotionen bedingen einander – Klarheit kann nicht durch die mentale Fraktion geschehen und eintreten, sondern nur durch die emotionale Ebene.

Der mentale Körper kann durch den Verstand nur wieder den vermeintlich sichersten Weg durch seine bereits abgespeicherten vergangenen Erfahrungen gehen, und dabei findet immer eine Wertung statt. Wobei auch relevant ist, hier die Wertung und das Urteil nicht mit der emotionalen Wahrnehmung gleichzusetzen: Es ist während des Aufstiegs für euch Menschen vorgesehen, Gefühle zu Situationen anzuerkennen und diesbezüglich eine Wahl zu treffen.

Das bedeutet, dass unser Nullpunkt nicht gleichzusetzen ist mit Desinteresse, sondern mit der klaren Wahrnehmung und der angstfreien Handlung und Entscheidung, die aus der gewonnenen Klarheit resultiert.

Der Mensch würde hier normalerweise das Wort „Gleichgültigkeit" statt Desinteresse benutzen, das im menschlich interpretierten Sinn von „es ist mir egal, was geschehen wird, weil ich mir darüber keine Meinung mache" steht, das aber das völlig falsche Wort für unsere Aussage wäre, weil es rein gar nichts mit Desinteresse zu tun hat.

Ganz im Gegenteil! Wie viele eurer Worte wären grundsätzlich bereits wegweisend, wenn der Mensch die Offenheit besitzen würde, wahrhaft zu verstehen, welche Aussage sich wirklich hinter den alltäglich benutzen Wörtern verbirgt:

Gleichgültigkeit = gleich-gültig = gleiche Gültigkeit
entspricht der Seinsform des Nullpunkts.

Und damit wäre die Definition des Nullpunkts wahrhaft die Gleichgültigkeit des Menschen, bezogen auf die unterschiedlichsten Erfahrungsformen, die der Mensch für seine Bewusstwerdung macht.

Es geht nicht darum, selbstlos – losgelöst vom Selbst, im Sinne von nicht verbunden zum eigenen Selbst alles über sich ergehen zu lassen, sondern um die Tatsache, sich selbst kennenzulernen – eine Selbsterfahrung in der Ebene der Materie zu machen und damit die Selbstbezogenheit zu leben – wiederum nicht zu verwechseln mit Egoismus.

Egoismus ist in der menschlichen Übersetzung negativ besetzt und wird von den meisten als eine Handlung oder eine Wesensform interpretiert, die versucht, die vermeintlichen –

eben vom Ego interpretierten – Bedürfnisse auch im extremen Fall auf Kosten anderer Lebewesen zu stillen.

Wobei im wahrhaftigen Sinn Egoismus im Grunde die gesunde Selbstbezogenheit beschreibt, doch in den menschlichen Umgangsformen meistens als Vorwurf und letztlich als Egozentrik (im Sinne von „es dreht sich alles um mich“) vorgeworfen wird.

Dennoch bleiben wir nun in den weiteren Ausführungen bei der negativ besetzten Form von Egoismus und verwenden dieses Wort in dem angesprochenen Konsens anstatt auf den Ausdruck Egozentrik zurückzugreifen.

Der Mensch setzt hier gerne Selbstbezogenheit mit Egoismus gleich, da er durch die gesellschaftliche Interpretation verstanden hat, dass Egoismus, also das Bezogen-Sein auf das eigene Selbst, nicht in Ordnung ist und der Mensch sich in Aufopferung zu seinem Nächsten definieren sollte.

Seht ihr die Fehlinterpretationen, die euch wahrhaft in einen Wust von falschen Vorstellungen bezüglich eures Lebens verstricken?

Es ist euch nur möglich, euch in der Selbstbezogenheit = bezogen auf das Selbst wahrzunehmen, und die Selbstlosigkeit versteht sich nur im Verstand, der versucht zu interpretieren, was er seinem Nächsten Gutes tun könnte, um selbst wieder geliebt zu werden, da in dem losgelösten Zustand vom Selbst keine eigene Form von Liebe wahrnehmbar sein kann. Auch ist die Aufopferung dem Nächsten gegenüber eine weitere Fehlinterpretation, da es dem Menschen dann absolut an einem Selbstbezug mangelt.

Energetisch ist damit natürlich nicht die Aufopferung der rote Faden zur Nächstenliebe, sondern das Mitgefühl und das Dienen im Sinne von Verstehen, dass in jedem irdischen Leben

Schöpfung existiert und damit die Liebe zu jedem Lebewesen gleichzusetzen ist mit der Liebe zum Selbst.

Habt ihr schon einmal verstanden, dass es eurem Umfeld, das sich direkt mit und über euch definiert – den Kindern, der Familie... – nur so gut ergehen kann, wie es euch ergeht; nicht dass die anderen Menschen in eurem Umfeld abhängig von eurer guten Laune sind, weil sie wieder zu unmündig sind, sich selbst zu definieren – vielleicht auch das –, aber wenn ihr versteht, dass die Liebe aus der Selbstbezogenheit frei von Vorstellungen und Bedingungen ist, dann werdet ihr eine Schwingung und eine Authentizität ausstrahlen, die eure Kinder befreit und ihnen einen Weg in die eigene Liebe und Selbstbezogenheit weisen wird.

Ihr werdet nun verstehen, dass lange Diskussionen Menschen meistens in sinn- und endlose Zustände verstricken können, da sie mit unterschiedlichen Schwingungsebenen und Sichtweisen auch Worte und Inhalte so unterschiedlich interpretieren, dass wirkliche Kommunikation gar nicht möglich ist.

Und um den Bogen zu der oben getätigten Aussage zu schlagen, ist es natürlich und selbstverständlich, dass ihr während des Verschmelzens mit eurem Selbst (die bewusste Bezogenheit auf das Selbst) durch den emotionalen angstfreien Ausdruck geht und bewusst wahrnehmend Entscheidungen – bezogen auf euch selbst – durch die Wahrnehmung des Gefühls trefft.

Unser Nullpunkt ist damit die angstfreie, klare und wertfreie Wahrnehmung eures emotionalen Körpers in seinem stärksten emotionalen Ausdruck.

Zu 50 Prozent hättet ihr soeben verstanden, dass eure bekannten starken und werteten Gefühle nicht in die Nullpunkt-Ebene passen – und dadurch in die erlöste Wahrnehmung der Polaritäten gehören würden, wenn sie – wie erwähnt – gewertet oder angestrebt und dadurch wiederum bewertet sind. Dennoch hättet ihr bereits, eben zu 50 Prozent, auch verstanden, dass die Wertung der Gefühle dort nicht hingehört, und somit müsst ihr wieder eure momentan so angestrebte erlöste Wahrnehmung reflektieren.

Ihr hättet uns nicht verstanden, wenn nun euer Gedankengang darauf basieren würde, dass Klarheit nicht aus den starken Gefühlen resultieren kann, sondern aus dem Verstand erwachsen würde. Das ist nicht der Fall und löst bei vielen Menschen eben das Missverständnis bezüglich mentaler und emotionaler Ebenen aus.

Klarheit resultiert aus Gefühlen und nicht aus dem Abwägen von subjektiv empfundenen Realitäten. Gefühle machen nicht abhängig, sondern transparent und wahrhaftig.

Das Selbst hat die Möglichkeit, sich dadurch in erfahrendes Wissen zu bringen. Und dies ist letztlich der reine Schöpfungsgedanke. *(Siehe unsere Geschichte vom Licht; Anmerkung der Autorin.)*

Wir haben bereits in unserem ersten Buch erwähnt, dass der emotionale Körper wie ein immenser Verstärker bei der Erschaffung von Realitäten funktioniert. Das bestätigt sich nun auch in der von uns dargestellten Aussage, dass ihr die Angst vor euren Emotionen besiegen müsst und euch ganz und gar der Kontrolle entledigt. Die Disziplin des Verstandes ist von bedeutender Wichtigkeit, und das verantwortungsbewusste Erschaffen von Realitäten ist erst in der angst- und wertfreien Klarheit möglich – wieder unser Nullpunkt.

Ihr werdet euch manchmal fragen, warum alles so kompliziert ausgedrückt wird, und letztlich verbirgt sich eine simple Anweisung dahinter: Das wird von uns deswegen so ausgeführt, weil die Menschen verlernt haben, was Demut und Hingabe bedeuten und dass menschliches Leben gegenwärtig durch Verstand und Kontrolle existiert. Die Menschen fordern zu einem eindeutigen Thema Beweise aus den unterschiedlichsten Ebenen ein und sind erst dann zufrieden, wenn dem Verstand kein Einwurf und kein „Aber“ mehr zu den Erläuterungen einfällt.

Wenn es nach der energetischen Weisheit gehen würde, wäre zu dem gesamten Thema nicht mehr zu sagen gewesen, als dass die Ausdehnung zwischen den Polaritäten der Erlebnisabenteuerspielplatz ist, um in die absolute Klarheit über das zu erfahrende Sein zu gehen. Freut euch über das Empfinden in den Polaritäten und erschafft eine Klarheit über das Leben in der physischen Ebene.

Da die Menschen aber Beweise fordern und die Wissenschaftler stetig gezwungen sind, durch teure und aufwändige Maßnahmen Leben in der Dritten Dimension zu erklären, schließen wir uns der menschlichen Forderung an, um den ständig fragenden Verstand in die Ruhe zu bewegen.

Die Schöpfung hat das Leben nach natürlichen Regeln ausgestattet, und es benötigt kein Studium, um diesbezüglich Klarheit zu erlangen. Dennoch ist es oft gegenwärtig noch wichtig, den mentalen Körper zu beruhigen und ihm auch seine Berechtigung erst einmal zukommen zu lassen.

Es geht nicht nur darum, dass der emotionale Körper seine eigentliche Aufgabe einnehmen kann, sondern auch der mentale Körper muss erst einmal seine Stellung in der Ebene der Materie verstehen lernen.

Auch das ist leicht zu verstehen, wenn ihr euch die technische Welt anschaut und begreift, dass der mentale Körper genauso seine Berechtigung in der physischen Welt hat – denn an unserem erläuterten Nullpunkt ist auch der mentale Körper gleichberechtigt gegenüber dem emotionalen Körper, und beide Formen haben gelernt, ihre wirkliche Position einzunehmen.

Denn die Klarheit wird in der Seinsform durch den mentalen Körper zum Ausdruck und in die wahrnehmbare Realität gebracht – und Realität wird durch den emotionalen Körper verstärkt.

Das bedeutet, dass ein mentaler Körper nicht wertet, sondern nur transportiert und letztlich Handlung sichtbar macht. Der Verstand wertet und hat die Vormachtstellung über den mentalen Körper eingenommen, da der Mensch durch so viele Nöte und Ängste gegangen ist und nicht das Leiden in Verbindung mit der Göttlichkeit verstanden hat.

Viele Menschen fragen, was es für ein Gott sein kann, der die Menschen leiden lässt – nicht Gott „da oben" lässt den Menschen leiden, sondern der Mensch geht in das Leid, da er verlernt hat, sich auf Gott – in sich selbst – zu beziehen. Da der Mensch von innen und nach außen schaut, beurteilt er ständig die Welt im Äußeren und versucht, einen für sich erdachten Platz dort außen einzunehmen anstatt den Platz, den er innehat, zu empfinden.

Wann erlangt der Mensch Zufriedenheit? Was macht ihn zufrieden – etwa wenn er seinen Vorstellungen entsprechend leben kann? Damit meinen wir genügend Liebe, Geld, Macht und Anerkennung. Und das sind allesamt Verstandesvorgaben – abgeglichen mit der äußeren Welt und an scheinbaren Werten, die andere Menschen vorleben.

Vernetzt euch mit dem Gott im Inneren, mit euch selbst in der tiefsten Instanz, und versteht, dass es nichts gibt, wonach ihr euch sehnen oder ausrichten müsst als nach dem innersten eigenen Empfinden, und versteht, dass alles zu jeder Zeit und immer in Ordnung war.

Alle Versuche, zu verändern, zu kontrollieren, zu manipulieren, Aufmerksamkeit zu initiieren durch Schönheit oder sonstige Bestrebungen durch den Verstand kosten euch Mühe und sind der Schleier über dem eigentlichen Sein.

Warum ist es notwendig, mächtig und schön zu sein?

Die Aufgabe war nicht, gottgleich in der physischen Welt zu wandeln, sondern Gott in der physischen Welt zu **sein**.

Ein Mensch, der sich mit sich auseinandersetzt, mit sich ins Reine geht und seinen Gott im Inneren wahrnehmen kann, wird nicht länger nach Verstandesvorstellungen versuchen, sich im Äußeren zu definieren.

Da die Menschen dieses Wissen im Innersten tragen, suchen sie die Liebe. Nur ist die Liebe, die der Mensch in der Regel sucht, keine Demut und Hingabe und das Erkennen des Selbst, sondern die Kompensation der eigenen ungöttlichen Form. Die Liebe gegenüber dem Nächsten soll den Menschen besser machen und ihm einen Anlass geben, noch göttlicher zu sein.

Die Liebe ist die stärkste Form auf der physischen Ebene und hat sogar mehr Anziehungskraft als Geld. Auch wenn es die meisten Menschen gleichsetzen wollen: die Liebe und die Macht – das Geld, aber ihr wisst bereits, dass Geld nicht glücklich macht, Liebe schon. Der reichste Mensch versucht, sich durch Geld seine Liebe zu kaufen, und wieder geht es um die Liebe: durch seinen Reichtum wird er eine Menge Verehrer haben, die sich auch auf das Spiel von Macht und Heldentum einlassen, was ihn sich großartiger fühlen lässt.

Die beste Übung ist das Loslassen und Teilen, Geben und Wahrhaftigkeit, Erkennen in der unverschleierten Projektion. Macht und Geld stehen nach der Liebe und sollen die physische Verkörperung von Göttlichkeit und Unantastbarkeit sein.

Gott, wie einsam ist das? Alles zu kontrollieren und seine eigene Wertigkeit an einem Schauspiel festzumachen.

Versucht zu empfinden, wie natürlich es ist, wenn ihr nun Angst habt, eure erlangten Strukturen zu verlieren.

Wenn wir davon sprechen, dass der Mensch lernen muss, sich ganz und gar zu empfinden, wirklich Liebe zu fühlen, sie zu- und loslassen zu können, sich selbst in der Gegenwart von Zufriedenheit und Sein zu empfinden, ohne dafür Ansprüche des Verstandes und der Vorstellung erfüllt zu haben, dann seid ihr dem Selbst nahegekommen. Ihr beginnt, Gott in euch zu spüren, eine Gegenwart, die nicht drängt oder fordert, sondern euch tief im Inneren erkennen lässt, dass Sein keine Reduktion kennt und Erfahrungen aus der Begrenzung der weltlichen Form resultieren.

Irgendwo in euch gibt es diesen Platz, der euch wissen lässt, dass alles gut ist, so, wie es ist, und alles, was Leid und Begrenzung bedeutet, letztendlich eine Projektion des Verstandes ist, somit nur Vorstellung und nichts weiter als ein Film. Diese Projektionen verschwinden, wenn der Mensch sich aus seiner Vorstellung des Verstandes verabschieden kann und in diesem Platz Gott in sich begegnet und Hingabe und Demut an dieses Erleben lernt.

In einer Situation, in der dem Menschen Leid durch andere Lebewesen demonstriert wird, erfahrt ihr die physische Form der Matrix, das heißt, die gedankliche Projektion. Tiere jagen Tiere, um ihren Instinkten nachzugehen oder ihren Hunger zu stillen. Inwieweit ist es möglich, das auf die physisch menschliche Welt zu übertragen?

Was bedeutet es für die Menschen, wenn Tiere sich so ihrem Verhalten hingeben? Eine Katze jagt eine Maus – oft bekommt ihr zu hören, dass dies einfach die Natur sei. Die Natur, in der Leid und angstbesetzter Tod sozusagen vorgeschrieben sind. Welche Natur meint ihr damit?

Natürlich ist, dass zum Auferstehen der Tod gehört, und damit gehört er auch zum Leben.

Tod bedeutet in der energetischen Warte nur Verwandlung – von der einen in die andere Form, ohne darin ein Urteil oder gar Leid zu empfinden.

Dennoch seht ihr das Spiel der Katze, die nicht unter Hunger steht, als brutal an – was soll da Natur sein?

Natur bedeutet von der physischen Warte, dass sich alles selbst regeln wird, und die Tiere, die kommen und vorhanden sind, im Gleichgewicht zu den Tieren stehen, die gefressen werden oder sterben.

Die Natur regelt sich von selbst, und durch Menschenhand gerät sie aus ihrem natürlichen Gleichgewicht.

Nun aber zurück zum Thema: Was kann der Mensch lernen, wenn er beobachtet, dass die Welt um ihn herum mit Leid zu kämpfen hat?

Stellt euch Folgendes vor: Ihr sitzt im Kino und seht einen Film an; inwieweit bewegt euch der Film?

Ein Film, dessen Inhalt euch nicht interessieren würde, weil es nicht euer Thema – Lebensthema – ist, würde euch emotionsfrei lassen, und ihr würdet auch die Realitäten der betroffenen Personen nicht nachvollziehen können, da die Lösung der Situation für euch einfach wäre.

Kurzum geht es darum, dass ihr auf Situationen reagiert, die euch emotional bewegen, und wenn es so ist, dann habt ihr bei diesem Thema etwas zu lernen. Das bedeutet umgekehrt nicht, dass Emotionslosigkeit auch gleichzeitig ein erlöster Zustand ist – ganz im Gegenteil!

Nun sind wir wieder an unserem Nullpunkt, der Klarheit: wertfreie emotionale Wahrnehmung, die sich im Sein definiert.

Um euch nicht noch verwirrter zu hinterlassen, ist die Antwort im Grunde immer dieselbe: Emotionen wirken wie ein immenser Verstärker auf eure Gedanken, und die wertfreien Gedanken sind das bewusste Wahrnehmen in der Klarheit (Nullpunkt). Wenn ihr in ein Thema emotional verwickelt seid, dann wollt ihr meistens mit dem Verstand eine Lösung des Problems herbeiführen und verwickelt euch mehr und mehr in diesem Dilemma.

Gott ist an der Seite der Menschen beziehungsweise ein Aspekt im Menschen. Nichts, was Leben beinhaltet, ist nicht Gott oder Schöpfung, und wertfrei zu sein heißt letztlich nur, aus der Klarheit zu agieren.

Nun sind wir euch noch die Antwort bezüglich des Leids im Äußeren schuldig: Wäre das Eingreifen des Menschen bei der Jagd einer Katze nach einer Maus gut oder schlecht?

Wir können energetisch erkennen, dass wir genug über die Urteilsfreiheit gesprochen haben – jetzt müssen sich die ausgesprochenen Wahrheiten nur noch setzen, denn die Matrix gibt zur Information, dass dies weder gut noch schlecht ist, sondern einzig eine Handlung aus begrenzter Sicht in einem begrenzten Raum.

Der Mensch ist und erfährt sich in einer noch unharmonischen Form, jedoch wird sich auch diese Erfahrung verändern – zu gegebener Zeit. Gegenwärtig ist jede Handlung, die aus Bewusstsein und Klarheit resultiert, eine Handlung, die euch ermöglicht, das eigene Selbst zu erfühlen.

Leid um euch herum ist die Projektion aus dem Gedankenreich der begrenzten menschlichen Form heraus. Ihr müsst nicht leiden, erfahrt dennoch Leid durch das Urteilen und die Vorstellung, wie die Welt aussehen müsste.

Liebe wird nicht am Handeln gemessen, Liebe ist...

Ihr seid noch nicht mit der Antwort zufrieden, und wir erhalten die Information, dass die Menschen glauben könnten, dass sie gar nichts mehr zu tun haben, keine Meinung zu bilden, keine Aktionen zu unternehmen, da sowieso alles in Ordnung ist und ihr dann in das Missverständnis der Lethargie fallt.

Der Nullpunkt sollte nicht mit Stagnation gleichgesetzt werden; der Nullpunkt wertet nicht und ermöglicht Leben in der reinsten, urteilsfreien Form – eine Form, in der euer Verstand zur Ruhe gekommen ist und ihr in jeder Situation in euch stabil seid und auf Situationen reagiert, ohne eigene Wertigkeiten und Bedürfnisse zu verfolgen. Es ist eine Handlung aus sich heraus, aus der Ruhe, und sie hat keine Konsequenz für die eigene Natur – ein Sein, das in Bezug auf das Gegenüber reagieren kann und selbst Liebe und Frieden darstellt. Keine Überheblichkeit, sondern ein IST-Zustand, der erhaben über die eigenen Bedürfnisse ist und trotzdem Bedürfnisse fühlen kann, ohne dabei zu werten oder ein Nicht-Erfüllen eines Bedürfnisses als Mangel sehen würde.

Bedürfnisse sieht der Mensch als Notwendigkeit, um Glück empfinden zu können. Wir dagegen reden von Bedürfnissen als emotionale Wahrnehmung, um sich selbst in eine Form von Erkennen zu bringen. Also, aus energetischer Sicht: Bedürfnisse zu empfinden, um das Selbst zu leben und in Erfahrung zu bringen und nicht, um überleben zu können und dabei zu versuchen, mental und durch den Verstand dem Leben einen Wert zu verleihen.

Letztlich stellt diese Form, Bedürfnisse als Seinswahrnehmungen in der Klarheit (Nullpunkt) zu empfinden, das Erkennen des Selbst in der physischen Form dar.

Hier würde Gott nun zu dem kleinen Licht, das sich in Erfahrung bringen wollte, sagen: „Wie schön, nun erkennst du dich im Sein, du weißt nun um dein Licht – neben dem ursprünglich gegebenen Wissen um dich selbst."

Ohne euch überfordern zu wollen, kommen wir soeben an einen Punkt, an dem ihr nun aufgerufen seid, nicht verstandes-, sondern gefühlsmäßig mitzugehen. Dieser angesprochene Punkt ist in etwa gleichbedeutend mit der beliebten menschlichen Frage: „Wie sieht dann unsere Welt nach der Bewusstwerdung und der Frequenzerhöhung aus?"

Was meint ihr mit danach? Danach wäre eine weitere Einbindung in Raum und Zeit, und wir gehen davon aus, dass ihr soeben dabei seid, den Raum- und Zeitfaktor zu überwinden, und sehen, dass ihr mit diesen Fragen dabei seid, dem Verstand schon wieder eine **Vorstellung** über eine neue Lebensform zu ermöglichen.

Wir haben euch des öfteren versucht zu erläutern, dass der Verstand nicht mehr in die neue Form eingehen wird und kann, da er nur die Möglichkeit hat, durch Vorstellungen und Erwartungen Leben in Strukturen zu bringen und damit wieder begrenzte Räume anzulegen.

Und die Bewusstwerdung fordert zeit- und raumfreie Wahrnehmung und Übergänge; darin kann der Verstand nicht existieren.

Auch die Frage, wie die Welt „danach" aussehen wird, impliziert bei uns die Annahme, dass der Mensch „nach getaner Arbeit" wieder in das Nichtstun verfallen kann, da er es sich „verdient hat", nun nichts mehr leisten zu müssen. Hier herrscht die allgemeine Müdigkeit über das weltliche Leben vor und nicht die Spannung auf die nächste Runde Leben.

Wir würden zu gerne an solchen Punkten jeden Menschen nehmen und einmal durchschütteln: das Geboren-Werden in der physischen Form ist wie ein Gewinn im Lotto, und habt ihr wirklich einmal gewonnen, dann macht der Gewinn euch so blind, dass ihr nicht wisst, was ihr damit anfangen könnt. Lieber verspielt ihr diesen Gewinn gleich wieder oder vertut ihn sinnlos aus völliger Überforderung.

An dieser Stelle würden wir euch gerne empfehlen, den Film „Forrest Gump" mit Tom Hanks in der Hauptrolle anzusehen. Es gibt dort viele Szenen, die euch an eure ursprünglichen Werte erinnern könnten:

„Meine Mum sagte immer, dass ein gewisser Reichtum völlig ausreichend ist, alles andere ist nur Angeberei. Also verschenkte ich viel an andere Menschen... und weil mir das Rasenmähen so einen Spaß machte, mähte ich weiter für umsonst..."

Ein weiterer lohneswerter Satz in diesem Film ist dem Konsens nach: „Das Leben ist wie eine Schachtel Pralinen, man weiß nie, was man bekommt."

Hier zitieren wir nicht Filmaussagen, sondern versuchen euch mitzuteilen, dass ihr nicht bestreben müsst, göttlich oder besonders spirituell zu sein – das ist jeder Mensch sowieso, eine Energie im menschlichen Gewand –, sondern selbst in euren normalen Filmen wie auch in den alltäglichen Dingen sind so viele Anhaltspunkte, um nachzudenken, zu reflektieren und Leben noch einmal neu zu **erfühlen**.

Erfühlen, jetzt sind wir wieder bei unserem eigentlichen Thema angekommen: Die Aufforderung unsererseits an euch, nun nicht mehr verstandes-, sondern gefühlsmäßig mitzugehen. Wenn wir über euer Leben berichten und euch auffordern, an den Nullpunkt zu kommen, dann geht es nicht mehr darum, ein Konzept zu verstehen, wie der Weg dahin sein wird.

Ein weltlicher Freund, der ziemlich viel Reichtum besitzt, hatte sich in energetischen Arbeiten sehr geöffnet, um seinen Weg in einer bewussten Form gehen zu können, da ihn seine Schmerzen nicht mehr in seiner eigenen Definition von Welt gelassen haben.

Dieser Freund macht seinen Weg mit viel Bewusstsein und Öffnung zu unterschiedlichsten Ebenen und kommt dennoch stetig wieder an seine Grenzen, da er sich in seiner Vorstellung fest an den äußeren Werten definiert sieht.

Und wenn es nicht seiner Vorstellung gemäß abläuft, macht auch dieser Mensch wiederholt „die Schotten dicht". Er sagte einmal in etwa den folgenden Satz: „Ich weiß, dass ich mir alles angesehen habe. Hier gibt es nichts mehr für mich zu lernen, und trotzdem laufen die Dinge nicht so, wie sie sollten."

Dieser Satz steht für fast alle Menschen, die ihre Verstandes- und vermeintlichen Gehirnkapazitäten ausgeschöpft haben. Der Satz könnte dann lauten: „Ich habe alles **Erdenkliche** (dies spricht genau aus, dass alle irdischen Wege erdacht waren, das heißt, aus dem Verstand kamen) gemacht, und noch immer stehe ich an der gleichen unbefriedigenden Stelle und habe einfach keine Lust mehr dazu, immer wieder enttäuscht zu werden." **(Fühlt sich bestraft, obwohl er so fleißig sehen und lernen will!)**

Wir wollen hier die Frage stellen, ob dieser Mensch – der, wie erwähnt, nur stellvertretend für fast alle Menschen steht –

wirklich jemals aus seiner verstandesmäßigen Situation herausgekommen ist? Alles entspricht hier doch weiterhin seinen Vorstellungen, und diesem Rahmen angemessen ist er bereit, seine Vorstellungen bis an die Grenzen des Verstandes auszudehnen, aber eben nur bis an diese Grenzen.

Die Lösung ist das Aufgeben des Verstandes – seiner Grenzen und der dazugehörigen Vorstellungen. Ihr seid aufgefordert, einen neuen Weg zu gehen – **zu fühlen** –, der nichts mit dem Verstand zu tun hat, und ihr solltet verstehen lernen, dass alles Gewollte und Erdachte nicht einen neuen Weg auskleiden kann. Könnt ihr das jetzt spüren – irgendwo in euch, in einem hinteren Winkel der Seins-Wahrnehmung? Das reicht für den Moment aus – das Gefühl von Sein und Nicht-Wissen.

Unser Nullpunkt ist der Bereich, in dem die Verstandesweisungen nicht mehr existieren. Hier ist die einzige Aufforderung, in einen Zustand von Sein zu gehen, keine Erwartungen und Vorstellungen zu haben, sondern das Wissen, dass alles gut und stimmig ist, dass das Leben versorgt und alles bereitstellen wird, wenn der Mensch aus seinen Vorstellungen tritt und Leben als Erfahrung in sich selbst verstehen lernt.

Zufriedenheit – wertfrei und unabhängig – ist ein Gefühl von Angekommen-Sein und nicht von erledigter, getaner Arbeit.

Zufriedenheit – wie auch die anderen Gefühle – ist nicht abhängig von erwarteten gesellschaftlichen oder menschlichen Vorstellungen, sondern ein Gefühl zu sich selbst, egal, wie die Lage oder Resonanz im Äußeren ist. Es ist ein IST-Zustand.

Auch andere Gefühle wie Glück und Liebe sind Gefühle, die bei einem klaren Menschen aus ihm selbst herausströmen, und ihr werdet dabei bemerken, dass diese Gefühle nicht abhängig von Äußerlichkeiten sind.

Wie das mit den Vorkommnissen im Äußeren harmonieren kann, wenn beispielsweise Zerstörung und Leid auf euch einwirken?

Ihr müsst euch hier die Frage stellen, was in diesen Momenten eure Aufgabe/Wahrnehmung ist: Einen Menschen durch sein gewähltes Schicksal zu begleiten? Zu demonstrieren, was die absolute Hingabe in Momenten vermeintlicher Zerstörung beinhaltet? Zu verstehen, dass alles im Äußeren Illusion ist und ihr durch eine Erfahrung der Materie geht, und trotzdem sind die Materie und die damit verbundenen Erlebnisse so wahrhaftig?

Das müssen sie sein, sonst würdet ihr nur wieder in das ursprüngliche Wissen über die Illusionen abdriften und nicht die Selbsterfahrung integrieren.

Also nutzt es euch nichts, wenn wir davon sprechen, dass eure Realität Illusion ist. Und hier wieder fühlen! Wenn da draußen Realität Illusion ist, dann ist der Schöpfer (ihr selbst) der Realitäten ein Meister in der scheinbaren Welt – er erfindet wie ein Magier Welten und Ebenen auf der Grundlage der Liebe und des Nullpunkts – der absoluten Klarheit! Und wieder herrscht dann kein Ego vor, das sich in einen Zustand von Glück oder Macht setzen wollte. Aber versteht nun, warum sich die Mächtigen immer Magier als Verbündete hielten oder als Feinde sahen. Sie wussten um das Spiel in der Illusion.

Euch hilft nur die Hingabe und das Erleben, dass alles so ist, wie ihr es erfahren wollt (verstandesfreie Wahrnehmung). Fragt euch nach den Inhalten der Erfahrungen, die ihr sammeln wollt (nicht verstandesgemäß, sondern die, die ihr einfach sammelt) und warum die verschiedenen Szenen in euch Schmerz oder auch Freude auslösen können.

Wie kann es sein, dass ihr euch abhängig von den äußeren Begebenheiten fühlt, anstatt zu erkennen, dass ihr die Begebenheit selbst mitinszeniert? Keine Begebenheit ist ohne Resonanz in der physischen Welt, und die Resonanzen, die ihr bemerkt, helfen euch zu erkennen, was für euch noch Gebiete der Erlösung und des Vertrauens und der Hingabe sind.

Noch einmal: Auch hier herrscht der Nullpunkt vor in dem Erkennen, dass alles kein Zufall ist und jeder Mensch/jedes Geschöpf der Erde einen Plan hat, sich selbst in die Entfaltung zu bringen.

Nicht durch den Verstand, sondern durch den eigenen Plan, das Programm, das von euch selbst geschrieben wurde und darauf wartet, dass ihr euch nicht länger als Spielball in einem Zufallsgenerator fühlt, sondern wirklich versteht, dass nichts ohne euer Zutun geschehen ist.

Bleibt immer in der Klarheit und zweifelt nicht an euch, und ihr werdet bemerken, wie sich die Realität um euch herum verändern kann.

Fühlen, nicht denken, leben, nicht werten und eure Gedanken an die wirklichen Werte des Seins geben – das ist Schöpfung in sich mit Verzicht auf Kontrolle und Gier. Und in diesem Verzicht auf Kontrolle und Gier ist Verwandlung im Moment möglich und gegeben. Auch physische Heilung tritt ein, wenn der Mensch seinen wertenden Verstand in die Stille bewegt. Die energetischen Felder reagieren im Moment und bewirken Heilung durch Hingabe und Zulassen. Das ist eure Welt, und sie ermöglicht euch ein Erleben ohne Grenzen.

Wir wollen euch vermitteln, dass diese neue Wahrnehmung Leben auf neue Art und Weise erschaffen wird, und ihr seid dabei die Akteure. Ihr erschafft niedrig schwingendes Leben oder auch hoch schwingendes Sein.

Der Nullpunkt ist die Klarheit, Schöpfer zu sein, ohne sich darin in einer speziellen Form zu fühlen. Nur das Wissen um die Erfahrungsform ist vorherrschend, und jeder Mensch wird erkennen, dass Leben zu keiner Zeit dazu da war, nur zu überleben, sondern es hat etwas Göttliches, Magisches in jedem Moment und wartet darauf, ohne Gier und Verstandesvorstellungen gelebt zu werden und schlicht der Freund an deiner Seite zu sein.

☆☆☆

Das zeitliche Denken und die Bestimmung von Realitäten

Diese Welt wird den derzeitigen Krisenzustand nicht überwinden, wenn sie die Denkweise beibehält, die diese Situation hervorgebracht hat.

Albert Einstein

Betrachte die Sonne. Sieh den Mond und die Sterne. Erkenne die Schönheit der Natur. Und dann denke nach.

Hildegard von Bingen

Wir haben darum gebeten, die Zitate aufzuschreiben, da sie vieles aussagen, was wir in diesem Abschnitt erarbeiten wollen.

Wenn ihr Lichter „erarbeiten" hört, dann würdet ihr am liebsten das Buch zuschlagen und euch nach bequemeren Handlungen umsehen. Ihr habt jedoch gelernt, dass ihr nichts wert seid, wenn ihr euch die Fülle und das Wissen nicht erarbeitet, und dabei gilt meistens noch der Kontext: „Je mehr und härter ich an etwas arbeiten musste, desto stolzer bin ich darauf, dass ich es schließlich geschafft habe, und besonders viel Wert lege ich dann auf das Ergebnis."

Meistens ist hier nur der Verstand im Einsatz und übersieht dabei die Kapazitäten des emotionalen Ausdrucks und der Verwertung.

Kinder beispielsweise, die sich in einem von den erwachsenen Menschen erwarteten Zustand wiederfinden, sind oft dazu gezwungen, eigene Gefühle zu dem Kontext, in dem sie stehen, zu verdrängen, um in der Erwartungshaltung des Erwachsenen bestehen zu können. Hier kommt die Verdrängung zum Ausdruck, welche letztendlich wieder stagnierende Energien und spezifische Felder freisetzt, da sie nichts mit dem ursprünglichen Ausdruck des Kindes gemeinsam haben und das Kind damit zwangsläufig in die Verdrängung der eigenen Selbstwahrnehmung gebracht wird.

Wie können Menschen davon ausgehen, dass sie wissen, was einer Energie in einem anderen Menschenkörper guttun würde? Einerseits sind die Menschen auf Terra noch unwissend, das heißt, Schüler in der eigenen Form, andererseits findet hier größtenteils noch die bewusste getrennte Wahrnehmung durch die momentan erlebte Bewusstseinsebene statt, in der sich die Menschen aufhalten.

Ist einer von euch so weit gekommen, dass er behaupten könnte, dass er oder sie wissen würde, was all die Prägungen und Glaubenssysteme in euch jeweils bewirken und ausgelöst haben? Wie können sich nun Lehrer anmaßen, wissen zu wollen, was eine produktive Reifung des Kindes darstellt? Das Kind ist zumindest auf der energetischen und spirituellen Ebene weiter entwickelt als der Erwachsene, da Kinder noch in der Anbindung zu ihrem Selbst stehen und in der Regel weit höhere Frequenzen als ihre Eltern aufweisen.

Habt ihr schon einmal den Gedanken zugelassen, dass ihr womöglich eure allgegenwärtigen Begrenzungen und Missinterpretationen weitergebt, anstatt dem Kind freie Wahl und Entscheidungsvermögen über die für es bevorzugte Realität und Erfahrungseinheit zu überlassen?

Dem oben erwähnten Satz liegt auch das Unwissen darüber zugrunde, dass ihr alles Wissen abgespeichert bereit haltet und der Zugriff erst durch das Erlangen von Bewusstsein, Verantwortung und Wahrhaftigkeit unter dem Mantel der Liebe und des Mitgefühls möglich ist, und dass es nicht vorgesehen ist, Leben um Leben neues Wissen zu erlernen.

Der Mensch versucht in seinen starren und festgelegten Räumen, sein Mobiliar von einer Seite zur anderen Wand zu schieben und erwartet daraufhin einen neuen Raum. Wie oft habt ihr in eurer physischen Welt das Bedürfnis, euren Wohnraum zu verändern, neue Kleidung anzuziehen, Wände mit anderen Farben zu streichen oder in eurer festgelegten Lebensstruktur Dinge zu verändern und zu verschieben?

Diese Bestrebungen sind Ausdruck der Sehnsucht nach euch selbst, euren Lebensraum zu verändern und euch somit neu zu definieren. Dennoch macht das Geschiebe in den eigenen Wänden, auch das Anziehen neuer Kleidung, nicht lange Spaß, denn der Effekt des „Neuen“ wird nur kurzfristig anhalten, da ihr einem Selbstbetrug erlegen seid.

Ihr habt gelernt, dass es strikte und fixe Strukturen gibt, und so gesehen seid ihr Lichter doch rechte Einfaltspinsel!

Kaum habt ihr einen Weg entdeckt, der so einigermaßen in Ordnung zu sein scheint – keine Reibungen, vermeintliche Harmonie und genügend Geld zum Ausgeben –, verfallt ihr in Lethargie und Monotonie. Und da gibt es wahrhaftig recht unansehnliche Formen.

Beispielsweise finden wir Lichter in niedrig schwingenden Zuständen, die komplett abgestumpft, unsensibel und herzlos, vielleicht sogar brutal, gewalttätig und manipulierend sind, die nicht einmal mehr das Bedürfnis empfinden, dass Veränderung notwendig wäre, sondern einfach faul im eigenen Dreck und Vergehen hausen – hier wollen wir Lichter mit einbeziehen, die sich aus weltlicher Sicht schuldig gemacht haben und weiter und tiefer sinken, anstatt sich zu betrachten und wenigstens zu versuchen, den Dreck ansatzweise abzuschütteln –, aber dafür gibt es ja in deren Augen andere Lichter, die den Dreck wegräumen...

Auch nicht empfehlenswert von unserer Warte sind die Leben der Lichter, die ständig nach Schuldigen oder Ausreden suchen. Sie spüren das Unbehagen am eigenen Leib und haben nicht den Mut, sich mit ihrem eigenem Selbst zu konfrontieren.

Oder Lichter, die glauben, dass sie alles besser wüssten, da ihre Form die einzig wahre und erfolgreiche Strategie wäre und damit die anderen Lichter dieser Welt verurteilen.

Wir könnten nun fortfahren und noch viele weitere Strukturen erwähnen, die sich nicht bewegen, um ein liebevolles und mitfühlendes Dasein erfahren zu wollen. Wir kommen nun aber zu den Lichtern, die seit einiger Zeit versuchen, ein bewusstes und verständnisvolleres Leben zu erfahren.

Zunächst wollen wir jedoch auf eure Sorgen reagieren, dass ihr euch zumindest teilweise in den oben angeführten Kategorien entdecken könnt: Wir urteilen nicht über die Wahl eures Lebens, doch wollen wir wahrhaftig und klar damit verfahren.

Der Mensch hat gelernt, immer nur undeutlich seine Wahrheiten zu formulieren, um andere Menschen nicht zu kränken oder falsch verstanden zu werden. Doch bleibt die Frage, ob vermeintlich schönere Ausdrücke die Lage auch so klar beschreiben können, da, energetisch betrachtet, jede Form von Umschnörkelung und Bemühung auch von der Grundaussage energetisch abweicht. Ihr solltet versuchen zu unterscheiden, ob etwas herzlos oder klar gesprochen wird, und ihr dürft versichert sein, dass alle Lichter geliebt werden und hinter jedem Mensch, wie auch immer er geartet ist, aus unserer Sicht das Licht zu sehen ist.

Ihr habt euch für die Selbsterfahrung in der physischen Ebene entschieden, und damit geht einher, dass ihr die Konsequenz, nämlich das gesamte Programm dieser Seinserfahrung, absolvieren müsst.

Wenn ihr von einem Zehn-Meter-Turm ins Wasser springt, dann erlebt ihr die Konsequenz des Absprungs, des Fallens und des Aufkommens im Wasser genauso, wie ihr für Diebstahl oder andere Aktionen die Resonanz der weltlichen Ebene erfahren werdet.

Das ist die Erfahrung an sich, die aber auch wieder mit dem entsprechenden Erfahrungsraum zu tun hat, in dem sich jedes einzelne Licht definieren will: das Programm des Lichts.

Damit wollen wir ausdrücken, dass eine Seele, die sich auf den Weg in die Seinserfahrung der physischen Form begeben hat, das Programm auch zuende führen wird und nicht währenddessen einfach aussteigen kann.

Hierbei kommt die Frage auf: Was geschieht denn dann nach dem physischen Tod? Wir haben bereits in unserem ersten Buch über das Sterben und den Aufstieg gesprochen und möchten nun über die Phasen dazwischen sprechen, denn wie beim Sterben und bei anderen Formen der Transformation nach dem physischen Leben gibt es eine Ebene des Aufenthalts und der Regeneration sowie der Projektion des eigenen Erlebten.

„Wie im Inneren, so im Äußeren“ – diese kosmischen Gesetzmäßigkeiten sind euch geläufig. Da es, energetisch gesehen, keine Zeit und keinen Raum gibt, geschieht alles zeitgleich. Außerdem spiegelt ihr euer eigenes Identitätsvermögen der physische Ebene in die „Welt“ nach dem irdischen Leben hinein – darauf werden wir noch im nächsten Kapitel eingehen.

Wir kommen zurück zu den definierten und festgelegten Räumen. Ihr habt euch sozusagen Sicherheitsleinen angefertigt und definiert euer Leben in spezifischen Systemen, Rastern, Erziehungsmodellen und anderen gesellschaftlichen Werten. Ihr müsst euch vorstellen, dass ihr Lichter gegenwärtig herabgestiegen seid und euch in Räumen bewegt, die für euch Isolation und meistens die Not und das Leid des eigenen Überlebens bedeuten.

Das ist nicht die göttlich gefühlte Wahrheit in euch, das sind sozusagen Notprogramme, die euch lediglich ermöglichen, so gut wie möglich Leben zu bewältigen und zu überleben.

Dennoch ist das nicht gottähnlich oder gar gottgewollt. Ihr seid in einer Selbstdefinitionsebene, in der ihr erst wieder herausfinden müsst, wer ihr seid und wozu Macht im Eigentlichen dient.

Macht ist ein wichtiges Instrument, wird jedoch gegenwärtig von den meisten Menschen verkannt und definitiv unerlöst ausgelebt. Macht ist göttlich und etwas Wunderbares, denn es gibt euch die Kraft des Erschaffens, des bewussten Teilnehmens in der physischen Ebene.

Wir wollen nun auf das anfangs erwähnte Zitat von Albert Einstein eingehen und euch erklären, dass diese Aussage eine unendliche Form der Wahrheit in sich beinhaltet: Albert Einstein war aus unserer Sicht ein Mensch oder, besser, ein Licht mit sehr menschlichen Zügen, der sich trotzdem oder gerade deswegen seine Unendlichkeit zumindest größtenteils bewahrt hatte. Damit wollen wir ausdrücken, dass er von seiner Frequenz so hoch schwingend war, dass er die Möglichkeit hatte, auf Wissen zurückzugreifen, das nicht alltäglich bei einem Menschen verfügbar ist. Dennoch war er zu seinen Lebzeiten auf dem

Planeten Erde so mental und naturwissenschaftlich ausgelegt, dass er dieses Wissen in die Materie einbringen konnte. Für euch Menschen greifbar und aus diesem Grund eine anschauliche Genialität.

Albert Einstein sagte in obigem Zitat aus, dass der Mensch nicht glücklicher und vollkommener sein Programm im Wahrnehmen seiner Göttlichkeit erfüllen kann, wenn er sich nicht von seinen Wurzeln her verändert, und das führt uns zu den Lichtern zurück, die ein bewusstes Leben anstreben.

Wie bereits erwähnt: Es wird euch nicht helfen, in eurem Raum nur Mobiliar zu verschieben und trotzdem den Raum aufrechtzuerhalten, sondern ihr müsst aus euren vorgegebenen starren Räumen ausbrechen.

Das bedeutet, dass ihr neue Wahrheiten zulassen müsst und euch in anderen Formen definieren lernt. Manchmal seid ihr gezwungen, eure definierten Räume schlagartig zu verlassen, wenn sich Unheil, Krankheit oder Leid über euer Leben gelegt haben oder auch, wenn euch ein Partner, ein Mensch oder ein freudiger Umstand aus der veralteten Form zieht.

Wir wollen nun noch genauer auf diese definierten Räume eingehen:

Wir verstehen unter den alten definierten Räumen Glaubenssysteme und Zustände, die euch festhalten und somit erlösende und produktive Veränderung nicht leben lassen.

Ihr Menschen seid in so starken Glaubenssystemen verhaftet, dass für euch nicht einmal die Möglichkeit besteht, diesen Wust von unterschiedlichen Verhaftungen zu entdecken.

Das heißt, ihr müsst verstehen und erfühlen lernen, dass es ein hoffnungsloses Manöver ist, mit dem Verstand neue Welten zu erkunden und/oder den Überblick zu bekommen, alte Welten zu verstehen beziehungsweise die menschlichen Verhaftungen in die alten Welten überblicken zu können.

Der Verstand hat nicht die Möglichkeit, euch zu erklären oder erkennen zu lassen, was ihr alles verändern oder loslassen müsstest, um wirklich den Weg in die Freiheit gehen zu können.

Die alten Denkstrukturen von euch Menschen sind so vehement, dass sie durch eure unbewussten Formen die Macht haben, euch in den alten Räumen zu halten. Zwar fühlen sich mehr und mehr Menschen begrenzt und unfrei, so lange sie in diesen Räumen verhaftet sind, dennoch verlangen sie nach wie vor nach vermeintlichen Sicherheiten und sind aus diesem Grund meistens bereit, den Schmerz und das noch vorhandene Leid zu akzeptieren, um nicht die vermeintliche Sicherheit eines scheinbar definierbaren Raums aufgeben zu müssen.

Hier ist euer Verstand ein wirkliches Hindernis, da er nicht in der Lage ist, euch einen neuen Raum vorzuschlagen oder in die Definition zu bringen.

Wir meinen hier mit neuen Räumen nicht umgestaltete alte Räume, sondern Räume, die der Verstand und der Mensch bislang noch nicht erfahren haben.

Der Weg führt in neue Welten, und diese Welten sind nicht verstandesmäßig zu erfassen, also bleibt letztendlich nur der freie Fall. Hingeben, fallenlassen und euer Schicksal der Macht des Seins zu übergeben.

Jede Form von versuchter Definition oder verstandesmäßig erfassten Wegen wird zu betrügerischen Sackgassen, da der Verstand die neue Welt wahrhaftig nicht verstehen kann. Es bleibt letztendlich nur die Auflösung des Egos und die Stille des Verstandes in der Erkennung des Seins in der mächtigsten Ausdrucksform.

Ihr habt diese Sätze bereits gehört? Dann wollen wir euch die Frage stellen, ob ihr an der Richtigkeit dieser Aussage zweifelt oder warum ihr noch immer unzufrieden in den alten Räumen verharrt?

Wir können diese Definitionen der gegenwärtigen Ausdrucksformen in immerwährenden, unterschiedlichen Aussagen nicht oft genug an euch heranführen, die jedoch meistens denselben Konsens betreffen. All das bedeutet, energetisch gerüstet und vorbereitet zu sein.

Für uns gibt es in der gegenwärtigen Zeit nur noch alte und überholte menschliche Glaubenssysteme und Verhaltensweisen: Wenn ihr genau hinfühlt, werdet ihr bemerken, dass euer monotones Leben, angereichert mit einigen abenteuerlichen Vorkommnissen – Abenteuer, da das Vorkommnis nicht mit dem Verstand einherging –, bereits seit einiger Zeit überholt ist und dass ihr Meister des Schwindelns seid, da ihr euch immer noch weismachen wollt, dass das so erlebte Sein produktiv und innovativ ist.

Nein! Es ist überholt und einfach langweilig!

Die energetischen Einheiten in euren Menschenkörpern haben bereits alles gelernt, was es auf dieser wahrnehmbaren Ebene zu verstehen gibt. Ihr wiederholt zum unendlichsten Mal die gleiche Klasse mit denselben Lehrern und Schulkameraden und merkt bis auf das Vergilben der Seiten in euren Büchern und an eurem eigenen heranschreitenden Altern nicht einmal, dass ihr immerwährend sitzengeblieben seid.

Wird es nicht unausstehlich langweilig, immer an dieselben Illusionen zu glauben? Immer gleiche Erwartungen und Vorwürfe zu formulieren?

Dann wärt ihr bestimmt gut beraten anzuerkennen, dass ihr in einen Menschenkörper gekommen seid, um zu lernen, was es bedeutet, in einem abgestumpften Raum die Illusion von Leben empfinden zu wollen.

Das ist ungefähr gleichzusetzen mit einem beispielsweise lethargischen jungen Mann – von denen es sehr viele auf Terra gibt –, der durch seine festgefahrenen Zustände verlernt hat, sich zu bewegen und Lust zu verspüren, sich weiterzuentwickeln. Dieser junge Mann sitzt die meiste Zeit gelangweilt herum und vergeudet keine Energie damit, sich zu hinterfragen oder seinen eigenen destruktiven Zustand zu verändern.

Dies führt zwangsläufig zu Scheinrealitäten wie Computerspielen und Mediensucht allgemein und das Wiederholen der gleichen energetischen Klasse, da kein Impuls mehr vernommen wird, den Zustand zu verändern.

Um es in der praktischen Anwendung zu verdeutlichen, beschreiben die Ausführungen, dass die Menschen alte gewohnte Strukturen nur unter Druck und Leid aufgeben wollen, da der Mensch durch die Illusion von Isolation scheinbar völlig ausgeliefert und ohne göttliche Anbindung sein Leben durch den physischen Raum bewegen muss.

Und so ist der Mensch dankbar für jeden Halt und jede Sicherheit, die er bekommen kann, auch wenn das Festhalten an dieser Struktur letztendlich Selbstverleugnung bedeutet.

Und das ist es meistens – im Grunde halten die Menschen an illusionären Räumen fest, und der Verstand legt diesbezüglich seine (Schein-)Wahrheiten aus.

Ein interessanter Wendepunkt? Wir gehen hierbei davon aus, dass alle alten Räume – und letztendlich Räume an sich – eine Definition des Verstandes über betrügerische Sicherheiten sind.

Der Mensch setzt seine Erfahrung in seine Welt durch von außen bestimmte Realitätseingaben, das bedeutet, dass der

Mensch jeweils seine Realität durch das Bild, das ihm im Äußeren präsentiert wird, definieren lernt.

Beispielsweise wird ein Kind aus einer vermögenden Familie ein völlig anderes Wahrnehmungsvermögen bezüglich seines Weltbilds haben als ein Kind aus sozial schwachen Verhältnissen.

Hier bilden sich je nach Not und Prägung Definitionen des Menschen heraus und sogenannte Räume, die bestenfalls vom Verstand und durch die Kontrolle des Egos in scheinbar angenehme Bahnen gelenkt werden können.

Und hat der Mensch erst einmal eine für sich angenehme Haltung zu seinem Leben bekommen, wird der Verstand alles daransetzen, diesen entstandenen Raum aufrechtzuerhalten, auch wenn es sich hierbei um Selbstverleugnung handeln sollte.

Jeder Mensch wird in sein spezielles soziales System geboren. Erziehung und Schule entsprechen dann meistens diesem System, das den Menschen prägt. So entstehen Glaubenssätze, um die herum sich die Räume des Menschen aufbauen. Der Mensch beginnt zu glauben, dass sein Selbst, seine Identität, direkt mit der Ausrichtung seiner Erfahrungen zu den unterschiedlichsten Zeiten seines Lebens verbunden ist, und er beginnt, sich eine ICH-Identität zu bilden, deren Wert und Berechtigung allein durch die äußeren Umstände zu rechtfertigen ist.

Ihr solltet ab und an ganz bewusst den Spielen eurer Kinder folgen, um zu erkennen, dass sie dort nichts anderes tun, als das Leben, das ihr ihnen aufzeigt, nachzuspielen.

Bei Rollenspielen jeglicher Art – Playmobil, Puppen, Ritter oder sonstigen Themen – üben Kinder, sich auf das Leben in der harten Realität vorzubereiten und sich in den unterschiedlichsten Rollen zu erproben.

Wertet bitte nicht die Verletzung eurer eigenen Kinder mehr ab als die eigene Verletzung in eurer wahrnehmbaren Realität, wenn das Kind aufgelöst oder beleidigt nach einem scheinbar unfairen Spiel zu euch gelaufen kommt. Es hat gerade härteste Realität erprobt und gesehen, dass es in seiner weltlichen Rolle nicht bestanden hat, da es besiegt wurde.

Ähnlich ist es in der Ausbildung beim Militär: „Spiele den Ernstfall und erkenne, ob du fähig sein wirst, den Ernstfall zu bestehen, oder ob du dir eingestehen solltest, besser niemals an die Front zu gehen – du würdest nicht einen Tag bestehen!“

Und seid mal ehrlich: So lange ihr nicht an der Front seid, wisst ihr zwar um die Härte an der Front, ihr habt sie bislang jedoch nicht bestehen müssen.

Aber so, wie ein Kind in die Volljährigkeit zieht, will der Soldat unbedingt an die Front – und wir versprechen euch: Das wird er nach einem harten Einsatz nie wieder wollen!

Auch der Volljährige wird zunehmend besser verstehen, dass das Leben als erwachsener Mensch seine extremen Herausforderungen in der noch existierenden Welt hat, und er wird sich oft sehnsüchtig an die „unbeschwerte Kindheit“ erinnern (die in Wirklichkeit nicht unbeschwert war! Sonst wäre der Erwachsene nicht im Kampf mit sich und seinen Strukturen).

Seht euch die Spiele der Kinder an, die in ärmsten Verhältnissen aufgewachsen sind, und der Kinder, die in reichen Familien groß wurden. Ihr werdet immer die Ängste der jeweiligen Strukturen erkennen und die Versuche der Kinder, in den jeweiligen Identitäten zu bestehen.

Kinder sind die besten Lehrer – das hat schon beispielsweise Maria Montessori gewusst, und ihr habt durch eure Kinder die Chance zu erkennen, welch primitive und selbstbetrügerische Spiele ihr bedient.

Aber anstatt auf eure Kinder zu achten, sie bewusst wahrzunehmen, um euch selbst zu erkennen und ihnen die Illusion dieser fatalen Spiele und der scheinbaren Strukturen zu nehmen, schiebt ihr sie weg mit einer Geste, dass ihr jetzt nicht die Zeit aufwenden könnt, euch um diese profanen Kleinigkeiten (Kinder – Streitigkeiten) zu kümmern.

Die angeblich profanen Kleinigkeiten, in denen sich jedoch die Kinder definieren lernen, sind später für den erwachsenen Menschen die Identität seines Handelns und somit das Zepter seines Seins, letztlich sein Antrieb und der verfälschte Ausdruck seines eigenen Selbst – ein ICH/Ego-Report.

Versucht euch selbst gegenüber einmal zu formulieren, worauf ihr stolz seid und was ihr damit erschaffen habt.

Eure Kinder sind der Grundstein für die kommende und bereits existierende Welt – die Übersetzung gibt es auch im Äußeren: Die Menschen wissen, dass die Kinder die alten Menschen ernähren werden – eure Rente sind –, und das ist nur der weltliche Ausdruck in der äußeren, sichtbaren Form.

Doch ihr wisst um die Gesetzmäßigkeit der Entsprechung: wie innen, so auch außen – wie unten, so auch oben...

Also ist es dem Menschen immer möglich, seine Projektionen auf die Realitäten in der sichtbaren Welt zu verfolgen und auch wieder die energetischen Grundlagen dazu zu verstehen: Die Kinder bilden den Grundstein für das spätere Leben der mittleren Generation, und die Erwachsenen dieser mittleren Generation versuchen, die weltliche Ebene nach den energetischen Weisungen der Kinder auszurichten. Das konntet ihr bislang vielleicht nicht erkennen, aber es ist so.

Versucht einmal nachzuvollziehen, wie die Lebensweisheiten eurer Eltern heute noch euer Sein beeinflussen, und ihr werdet bemerken, dass dies im allgemeinen – da die gegenwärtige alte Generation noch aus der Zeit des dunklen, unbewussten Zeitalters stammt – weitaus weniger wegweisend war als der Einfluss, den eure Kinder heutzutage auf eure Realität, auf euer Leben haben.

Wenn die Menschen der älteren Generation Bewusstwerdung zulassen würden, dann wären diese gegenwärtig alten Menschen oft mit ihrer Weisheit ein wichtiger Baustein in der Geschichte des Lebens, und dann würden die Erwachsenen der mittleren Generation sich gerne Rat einholen.

Doch sind die Menschen der alten Generation nicht fähig, zu reflektieren – und das ist gegenwärtig überwiegend der Fall – und haben ihr Leben nur einigermaßen gut hinter sich gebracht, dann werden Sätze wie: „Das ist halt so“ und „wie gut es ihr heute habt, bei uns war alles schlimmer“ oder auch „man muss eben arbeiten, so ist das Leben...“ keine hilfreichen Resonanzen in euch bewirken.

Allgemein ist es legitimiert, dass eure Eltern vor euch sterben werden – das scheint der Weg des irdischen Seins zu sein und ist damit in Ordnung.

Energetisch gesehen ist das der Verlauf des irdischen Lebens:

Die neuen jungen Generationen (Kinder und Jugendliche) geben den Erwachsenen energetisch und auch sichtbar die Grundlage, Leben in der weltlichen Ebene zu verändern und zu erschaffen. Und die Kinder sind glücklich, wenn die Erwachsenen in ihrer bewussten Form dieses Angebot annehmen und ins Leben einbringen.

Einfacher ausgedrückt, bedeutet es, dass eure alten Menschen – die Großeltern – ihre Arbeit getan haben und ihre eigene Bewusstwerdung oder auch Stumpfsinnigkeit reflektieren und, nicht mehr angedockt an die gegenwärtige Lebensausrichtung, Leben verändern oder nachhaltig beeinflussen. Falls diese alten Menschen wirklich ihr Alter mit Wissen tragen und Weisheiten aussprechen können, dann ist es die „mittlere Generation", die sich diese Weisheiten anhört und versucht, die Umsetzung in ihrem Leben zu bewirken.

Die meisten alten Menschen unter euch sind aber sozusagen untergetaucht und versprühen nur ihre Altersfrustration und sind damit keine wahrhaft ernstzunehmenden Akteure mehr auf dem Planeten Erde.

Wieder ist hier die Dreifaltigkeit des irdischen Seins zu entdecken: Die alte, die mittlere und die junge Generation.

Die mittlere Generation ist der Mensch von etwa 30 bis heutzutage 60 Jahren und repräsentiert die Phase im Leben, in der die Ebene der wahrnehmbaren Realität wirklich umgestaltet und nachhaltig verändert wahrgenommen werden kann. Das heißt, den Abenteuerspielplatz Erde mit seinen vielfältigen Auslegungs- und Erfahrungsmöglichkeiten mit der wahrhaftigen Möglichkeit, Illusion und Realität neu zu betrachten.

Hier kann sich das physische Leben komplett verändern, doch verbringt der „normale Mensch" diese Phase seines Lebens meistens lieber mit der verstandesmäßigen Ausrichtung des Erwirtschaftens von weltlichen Gütern und der erfolgreichen Gründung einer Familie, die entsprechend der gesellschaftlichen Vorstellung gut strukturiert und platziert ist.

Energetisch gesehen ist der weltliche Ausdruck, das heißt, die Darstellung des Menschen der mittleren Generation in seinem Leben, wieder ein sichtbares Spiegelbild der eigentlichen

Herausforderung, das Sein zu erfahren. Das bedeutet, dass diese mittlere Phase geprägt ist durch das Erschaffen von Realität und das Erkennen der eigenen Göttlichkeit.

Das bedeutet, dass der Mensch in den Tiefen seines Seins wahrnehmen kann und auch wahrnimmt, dass Leben in dieser Phase Erschaffen und Kreieren bedeutet, nur findet er gegenwärtig dazu noch nicht die richtige Form, da er sich an Glaubenssysteme und gesellschaftliche Spiele sowie Prägungen hält und sich somit verirrt.

Der bewusst gewordene Mensch der mittleren Generation repräsentiert im größeren Bild das mittlere Sein, den Menschen, der sich in seiner Göttlichkeit durch den Handlungsfreiraum und die Macht seiner Position erkennt. Leben auf dem Planeten Erde zwischen 30 und 60 Jahren ist die machtvollste kreativste Form, um das Selbst in die bewusste Erfahrung zu bringen.

Die alte Generation stellt das höhere Bewusstsein – die Meister und den Himmel, das Höhere Selbst – dar und ist dadurch Leben, das sich durch das Erschaffen in der Materie bereits in das Erkennen des Selbst gesetzt hat und nun nur noch die schöne Aufgabe hat, erlöstes Sein auszustrahlen und Menschen zu führen, ohne diesen dabei etwas vorwegzunehmen. Diese alte Generation ist aus energetischer Warte der schöne Abschluss irdischen Seins, da alles erlöst ist und das Selbst, das in das Erkennen gegangen ist, sich über alles weltlich Enge hinweggesetzt hat. Es ist wie die Präsenz der Aufgestiegenen Meister, nur noch in der physischen Form: Führen und Dienen im Sinne des großen Geistes.

Die junge Generation erschafft den Nährboden – energetisch durch die hohen Schwingungsfrequenzen und auch in ihrer

Form des Seins – und möchte die mittlere Generation dazu motivieren, sich neu zu erkennen und zu definieren, um ein neues weltliches Bild und dadurch eine neue Struktur zu ermöglichen. Eure Kinder wären euch so verbunden, wenn ihr fähig werden würdet, sie und ihren Impuls zu leben, zu verstehen.

Diese junge Generation steht für die Erde – sie nährt und gibt alle Grundlagen, um Leben aufblühen zu lassen.

Eure Kinder geben alles, was die Menschen der mittleren Generation brauchen, um zu erkennen, zu erschaffen, zu lieben und in die Erfahrung des Dienens zu kommen. Sie werden jedoch durch die verstandesgeleitete mittlere Generation gegenwärtig genauso ausgebeutet wie Mutter Erde und alles Irdische, was dazu in Verbindung steht.

Auch ist es der alten Generation gegenwärtig noch nicht möglich, wahrhaftig zu führen und die physische Erlösung und das Erkennen des eigenen Seins zu verstehen.

Wir sind jedoch an vielen Punkten des neuen Verstehens angekommen und möchten einen kurzen Überblick über das Geschriebene geben:

Höheres Selbst

- Alte Generation der Menschen: 60 – 90 Jahre

Sonne

- Aufgestiegenes Bewusstsein
- Führender/väterlicher Aspekt, Leben aus dem Nullpunkt heraus, Erleuchtung, Dienen, Hingabe und die Weisheit
- das erkannte Selbst

Mittleres Selbst

- Mittlere Generation der Menschen: 30 – 60 Jahre

- Mensch
- Mittleres Bewusstsein
- Das einsetzende Erkennen des Nullpunkts und der Klarheit, mündiges Erschaffen
- das bewusste Erfahren der Polaritäten und das beginnende Leben im Sein
- das sich erfahrende Selbst

Niederes Selbst

- Junge Generation der Menschen: 0 – 30 Jahre, das Kind/der Jugendliche
- Erde
- Niederes Bewusstsein – mütterlicher Aspekt, genährter Boden, Geborgenheit und Vertrauen, Stabilität und Kommunikation in der ursprünglichen Form
- Das ursprüngliche Selbst

Vielleicht könnt ihr in diesen Ausführungen erkennen, wie leicht und einfach Schöpfung Leben aufbaut und wie sich alle Komponenten immer wiederholen. Erkennt euch in der jeweiligen Seinsform an und nehmt den liebenden Nährboden, den eure Kinder auf allen Ebenen des Seins anbieten – physisch, seelisch und geistig –, um euch in der mittleren Phase des irdischen Lebens in das Erkennen zu bringen.

Eure dritte Phase des irdischen Seins werdet ihr dann in der absoluten Klarheit des Lebens verbringen und euch wissend am Nullpunkt erkennen.

Wir versprechen euch: Das ist der Ausklang des Abenteuerspielsplatzes, der unglaublichste Sonnenuntergang, den ihr je erleben konntet, das Sein in der erlösten physischen Form – es ist das zurückeroberte Paradies in seiner authentischsten Weise.

Wir können energetisch wieder den Einwurf der Resonanz aus der Matrix vernehmen, und unsere Antwort darauf ist folgende: Leben in der irdischen Ebene ist Illusion, Leben an sich ist ewig und unendlich!

Die Frage/der Wortlaut aus der Matrix dazu war:
Auch das Erleben im zurückeroberten Paradies ist letztlich Illusion!

Ihr werdet nun unterscheiden lernen:

- Verstand ja – ist Illusion
- Gefühl nein – Leben ist unendlich, in jeder Form authentisch und wahrhaftig.

Die Ebene des zu erfahrenden Seins ist flexibel, und die dazu dargestellten Realitäten sind illusionäre Räume, um die Erfahrung des Selbst stattfinden lassen zu können.
Es ist zauberhaft und gleichzeitig magisch!
Das Selbst ist unendlich und hat keine Persönlichkeit – ES IST!
Mehr gibt es dazu nicht zu sagen!

Betrachte die Sonne. Sieh den Mond und die Sterne. Erkenne die Schönheit der Natur. Und dann denke nach.

Hildegard von Bingen

Und dieses Denken ist kein Verstand – es ist reines, bewusstes Sein!

Leben nach dem Tod – Die Projektion des kreierten Ausdrucks im physischen Sein

Gedanken kreieren Realität – zu jeder Zeit, in jedem Raum, und das Sein erwirkt diese unendliche Projektion. Hierbei kommt die Frage auf: Was geschieht denn dann nach dem physischen Tod?

Wir haben bereits in unserem ersten Buch über das Sterben und den Aufstieg gesprochen und möchten nun darüber hinaus über die Phasen dazwischen beziehungsweise über den Übergang nach dem physischen Realitätsempfinden sprechen, denn beim Sterben sowie bei anderen Formen der Transformation nach dem physischen Leben gibt es eine Ebene des Aufenthalts und der Regeneration und der Projektion des eigenen Erlebten.

„Wie im Inneren, so auch im Äußeren“ – diese kosmische Gesetzmäßigkeit ist euch geläufig. Und da es, energetisch gesehen, keine Zeit und keinen Raum gibt, geschieht alles zeitgleich, und außerdem spiegelt ihr euer eigenes Identitätsvermögen in die Welt nach der physischen Ebene hinein.

So, wie wir im vorigen Kapitel über die Bestimmung der Realitäten durch die gedanklichen bewussten und auch unbewussten Strukturen gesprochen haben und wie sie das menschliche Leben in der physischen Ebene leiten, ist auch die gegenwärtige Bewusstwerdung bezüglich der Macht der Gedanken für Nebenrealitäten und auch aus Sicht der menschlichen Auffassung für zukünftige Ereignisse – die sich, energetisch gesehen, immer jedoch zeitgleich abspielen – maßgeblich.

Wir möchten noch einmal folgendes Zitat aufrufen:

Albert Einstein: „Diese Welt wird den derzeitigen Krisenzustand nicht überwinden, wenn sie die Denkweise beibehält, die diese Situation hervorgebracht hat.“

Diese Welt beinhaltet nicht nur für den menschlichen Verstand sichtbare Krisen und Zustände, die in der gegenwärtigen Zeit nicht mehr zu vertreten sind, sondern es ist auch das gesamte Spektrum betroffen, das nicht zu den verstandesmäßig interpretierbaren Formen und Strukturen gehört. Die für das menschliche Auge sichtbare und für den Verstand wahrnehmbare Welt ist, wie bereits vielfach erwähnt, Illusion.

Und noch einmal sei dabei erwähnt, dass nicht Leben (das Sein) an sich Illusion ist, sondern das Leben, in dem sich der Mensch gegenwärtig inszeniert.

Das ist auch in der äußeren Form sichtbar, wie beispielsweise in euren Filmen: Schauspieler und Drehbücher zeigen euch die unterschiedlichsten Formen des eigenen Erlebens auf. Alles ist dabei veränder- und wandelbar.

Trotzdem möchten wir jetzt – da die Resonanz aus der Matrix spürbar war – noch einen Schritt tiefer gehen, der nicht unbedingt mit dem beabsichtigten Thema in diesem Abschnitt zu tun hat.

Wenn wir davon sprechen, dass Leben an sich nicht Illusion ist, dann werdet ihr euch bestimmt die Frage stellen, wo die Illusion im Leben beginnt und wo sie wieder aufhört. Doch sind diese Fragen und Vorstellungen wieder Projektionen aus dem menschlichen Realitätsempfinden.

Es gibt keinen Anfang und kein Ende – alles bedingt einander. Auch diese Gesetzmäßigkeit ist bereits geläufig.

Also noch einmal tiefer gehen und ins Fühlen kommen.

Leben **ist** – mehr gibt es hierzu nicht zu sagen, und das Sein bringt sich in eine neue Ausrichtung durch die Struktur der irdischen Form.

Alles Leben ist in Bewegung und mannigfaltig abrufbar.

Die Illusion beginnt, wenn sich Leben in einer Form begrenzt und definierbar anfühlt. Der Raum, in dem die Erfahrungen gesammelt werden, ist ein vorgegebener Raum, der seine Aufgabe erfüllt, wenn der Mensch sich darin erfahren kann, und Erfahrung tritt ein, wenn der Mensch sich darin definiert und eine Identität aufbauen kann.

Die vorgegebenen Räume sind, energetisch gesehen, eine Definition, eine Vorgabe, damit die Erfahrung in der Materie zu einem gegebenen Zeitpunkt und unter gegebenen Umständen gemacht werden kann.

Jetzt verhält es sich so, dass wir im letzten Kapitel davon gesprochen haben, dass der Mensch aufgerufen ist, seine vorgegebenen Räume zu verlassen, zu verstehen, dass der Raum veraltet ist und es nicht hilft, ihn umzustrukturieren, sondern es muss verstanden werden, dass es nun Zeit ist, aus der spezifischen Definition des gegenwärtigen Seins herauszutreten.

„Wie innen, so außen" – auch hier gilt, dass nun die Räume im größeren Sinn aufgelöst werden und der Mensch beginnt, sich mit neuen „Räumen" oder, besser ausgedrückt, Erfahrungsformen zu identifizieren.

Im Kleinen bedeutet es grundsätzlich für den Menschen, verstehen zu lernen, dass seine Denk- und Glaubensstrukturen überholt sind, und dass er sich nicht länger in seiner geglaubten Realität identifizieren kann. Nicht kann, da die Schwingung sich auf der Erde und im Kosmos stetig erhöht und der Mensch dadurch aufgerufen ist, sich mitzuentwickeln.

Auch im größeren Sinn geschieht das: Die gegebenen illusionären Räume lösen sich auf, und es wird eine neue Definition in einem neuen Sein geben, in der menschliches Leben ganz neu erfahren wird – ohne Verstandesanleitung –, ganz aus dem Herzen in einer Denkform, die machtvoll erschaffen wird und sich in Liebe zu allem Sein definieren lernt.

„The Mission“ ist ein Film, der von dem Vertrauen in die Liebe erzählt und die Enttäuschung und den Schmerz darüber zeigt, dass der Mensch, angebunden an seine unerlösten Machtgedanken, kein Leben neben sich duldet und akzeptiert.

Der Mensch in „seiner normalen Welt“ hat auch tagtäglich Probleme damit, andere in ihrer Form sein zu lassen, und versucht, die äußere Welt zu kontrollieren und die Schwachstellen seiner Mitmenschen für seine eigenen Belange auszunutzen.

Es ist in eurer weltlichen Geschichte so viel menschliches Leid geschehen, da sich die Menschen alles untertan machen wollen (aus der Angst, sonst auch nicht zu bestehen) und dabei übersehen, dass die Quelle ihres eigenen Seins in jedem anderen Menschen und jedem Geschöpf des Lebens wohnt.

Dieser Film „The Mission“ ist für das menschliche Herz tief bewegend, da er darstellt, dass in eurer früheren Geschichte nicht die Zeit war, sich in der Liebe im Nächsten zu spiegeln.

Aber ist das in der gegenwärtigen Zeit anders? Oder regiert nur der Verstand mit, da er weiß, dass sich als Nächstes globale Zerstörung einstellen würde, wenn Weltmächte sich duellieren?

Der Film erzählt von Menschen, die tief in ihrer eigenen Form der Liebe wohnen, Herzen, die beginnen zu schlagen, und Herzen, die bereit sind, andere Geschöpfe aufzufangen.

Wenn ein Herz erwacht ist, wird es niemals wieder aufhören zu sprechen, aber dieses Herz kann nicht gegenüber machtvollen Verstandesinszenierungen bestehen. Hauptsächlich wird von drei Männern berichtet, die auf unterschiedliche Weise der Liebe begegnen oder glauben, ihr zu begegnen.

Der eine Mann ist ein Priester und bereit, in seiner Form der Liebe Menschenherzen zu bekehren, ganz in die Liebe zu den Geschöpfen des Seins zu treten.

Der zweite Mann ist ein Söldner und Sklavenhändler, der durch den Schmerz der nicht erwiderten Liebe seiner Angebeteten auf leidvolle Art und Weise doch schließlich in sein eigenes Herz findet und dennoch durch seine weltlichen Erfahrungen weiß, dass Gott nicht die Fäden in der Welt zieht und der Mensch allgemein noch nicht bereit ist, Liebe zu spüren.

Der dritte Mann ist ein Erzbischof, der um die weltliche Macht weiß und versucht, auf letztlich hilflose Weise die weltliche Komponente in ihrer unerlösten machtvollen Form mit der Liebe und seinem Glauben zu verbinden beziehungsweise zu akklimatisieren und zu dirigieren.

Im Sinne des „Dirigierens" – die Geschichte wird in diesem Film verbunden durch die Stimme Gottes und die erlöste Macht der Musik und des Klangs.

In vielen Ausdrucksformen des Seins zeigt dieser Film die gegenwärtige Stellung der menschlichen Form und versucht zu vermitteln, ob es Zeit sein könnte, die Liebe in die Welt einziehen zu lassen oder festzustellen, dass in einer solch unerlöst mächtigen Welt die Liebe keinen Einzug halten kann.

„Wenn Macht Recht ist,
hat die Liebe keinen Platz auf der Welt".

Das war die Wahl des Menschen in dieser niedrig schwingenden Form – nun wird es so sein: Die Liebe hält Einzug in die physische Form und ist in ihrer Entschlossenheit durch die Nahrung der hohen Frequenzen nicht mehr zu stoppen.

Vielleicht ist jede Leserin/jeder Leser unter euch bereit zu entscheiden, ob es Zeit ist, sich selbst zu reflektieren und in seinem/ihren Nächsten sich selbst zu erblicken und auch ihn/ sie zu fragen, was seine/ihre Wünsche und Sehnsüchte sind, anstatt nur das eigene Wollen und die unerlöste Macht in den Vordergrund zu stellen.

Wir sind nun doch recht weit von unserem eigentlichen Thema abgekommen – aber nur scheinbar für die Menschen, die diese Zeilen mit dem Verstand gelesen haben.

Die Illusion des weltlichen begrenzten Lebens wird sich auflösen, oder, genauer ausgedrückt, hat sich bereit aufgelöst, doch ihr lebt die Überreste der Matrix, die immer noch durch die Gedanken des Menschen Illusion in der alten Form und Struktur projiziert. Wenn ihr jedoch genauer hinfühlt, werdet ihr erkennen, dass das alte Sein nicht mehr vorhanden ist. Zwar im bildlich äußeren Geschehen, doch steht eure Welt stärker denn je in Resonanz zu euren Gefühlen und Gedanken.

Die Menschen zerstören sich selbst, da sie mit zerstörerischen Gedanken und Werkzeugen leben. Und diese Schwingungen manifestieren sich dann in einer wahrnehmbaren Krankheit im physischen Körper, und die Menschen fühlen sich wieder einmal ausgeliefert.

Dieser Zyklus wird ein Ende haben, indem der Mensch sich seine Macht und Göttlichkeit bewusst macht.

Doch wollen wir noch zu dem Priester in dem Film zurückkehren, der bis zuletzt glauben wollte, dass Gott ihn und die Menschen der Mission erhören würde (der Gott, der von außen eingreift...), und der bis zu seinem Tod im Glauben an die Liebe mit der Gemeinde predigte.

Dieser Mann konnte sich nicht vorstellen, dass die Welt der Indianer und die Mission zerstört werden und Gott dies alles zulassen würde.

Gott ist nicht Schiedsrichter des weltlichen Spiels, sondern lässt die Menschen spielen. Doch so lange sie Gott nicht in sich spüren und wahrnehmen, werden sie zerstörende Spiele produzieren.

Da der Mensch in seiner Wahrnehmung noch eingebunden in der isolierten Form existiert, kann er sich auch nicht vorstellen, dass außerhalb des irdischen Wahrnehmungsbereichs Leben existiert. Dennoch ist Leben überall gleichzeitig in mannigfaltiger Form. Leben hat niemals, in keiner Zeit, isoliert stattgefunden, da Leben in sich viel zu wertvoll ist, als es einem solchen Spiel der Erfahrungen auszusetzen.

Stellt euch vor, Leben wäre wirklich vergänglich und jeder Mensch könnte nur ein einziges Mal in dieser physischen Form existieren, dann wäre kein Mensch in dieser unwissenden Form geboren worden, da die Schöpfung den Menschen nicht durch ein Programm geführt hätte, das ohne Abschluss bleiben wird.

Leben ist multidimensional und überall zeitgleich – in allen Räumen und Zeiten zugleich – in unendlich großer Form und Vielfalt. Das bedeutet, dass der Mensch in seiner wahrnehmbaren Form Leben nur in einem winzigen Ausschnitt erkennen kann – durch seine isolierte Wahrnehmung.

Und doch ist das so nicht der Fall, da alles, wirklich jede Handlung, die von einem lebenden Geschöpf ausgeht, auf Resonanzen trifft.

„Selbst wenn du nur die Hand hebst, kann als Resonanz beispielsweise ein Schmetterling in Neuseeland seinen Flug beginnen.“

Damit ist euer jetziges Leben ein Baustein für die Verwandlung, und die eingegangenen Frequenzen sind maßgeblich entscheidend für die Existenz, welche die Menschen nach dem physischen Sein erleben und erfahren werden.

Wir haben bereits über Nebenrealitäten gesprochen und erläutert, dass sie Realitätsformen sind, die entweder unabhängig von eurer Form existieren oder in Resonanz zu eurer momentanen Ausrichtung und eures Lebens Einfluss auf euch ausüben. Nebenrealitäten können nach eurer Auffassung entweder bereits erfahrene Inhalte – eure geschichtliche, menschliche und irdische Vergangenheit – oder noch anstehende oder zur Auswahl stehende Realitäten sein.

Aus der Matrix kommt die Information, dass nichts dem Zufall überlassen ist und damit wirklich nichts ohne Resonanzwirkung geschieht.

Auch gibt es hierbei die Gegenwart des großen Plans und die Aussage, dass alles bereits geschrieben steht – egal, ob es in eurer Anschauung vergangen oder zukünftig sein wird, und umso mehr auch eben gegenwärtig, da ihr die Resonanzen anzieht, die, eurer Schwingungshöhe entsprechend, auf eure Wahrnehmung einwirken.

Noch einmal: „Nichts ist dem Zufall überlassen", könnte bei euch erneut implizieren, dass es dann sowieso nichts aktiv zu tun gibt, da alles festgelegt und geschrieben ist und somit das Schicksal bereits beschlossen wurde.

Euer Leben ist sozusagen in einem großen Plan erfasst, und ihr entscheidet trotzdem, welcher Impuls ausgelöst wird, und damit, welcher Bestandteil des Plans zum Einsatz kommt. Ein Mensch, der sich durch seinen „freien Willen" nicht bereiterklärt, Bewusstsein zu erhöhen, wird sich auf einem bestimmten Level in seinem „Programm“ einschwingen.

Wenn jedoch ein Mensch durch eine Schwingungserhöhung geht – und das war in der vergangenen erlebten Form meistens nur durch einen Schicksalsschlag möglich (hier konnte nämlich der Verstand keine kluge oder hilfreiche Weisung mehr geben; also musste das Selbst durch die Lähmung des mentalen Parts und des Verstandes das Gefühl in den Einsatz bringen) –, dann wird der Plan automatisch eine Programmänderung erfahren.

Das bedeutet, dass euer jeweiliges und gegenwärtiges Programm in dem großen Plan veränderbar ist, da ihr entscheidet, auf welchem Level die Programmauslösung stattfindet.

Wenn ihr bereit seid, bewusst wahrzunehmen und euch in dem Zusammenhang des gesamten irdischen Spiels zu erkennen, werdet ihr automatisch in eine veränderte Form und in einen neuen Ausdruck gebracht.

Wir können euch das so erklären, dass es auch mit erhöhter Wahrnehmungsbereitschaft möglich ist, jeweils andere Punkte zu bearbeiten, und das gegenwärtig aktive Programm müsste dann auch nicht extremen Druck ausüben, um euch in ein Gefühl des Ausgeliefert-Seins zu bringen (siehe Schicksalsschlag), damit Lernen und neue Wahrnehmungsbereitschaft wieder möglich sind.

Ihr wisst, dass ein Kind ein völlig anderes Lernverhalten hat als ein Erwachsener oder ein alter Mensch.

Jeweils dem Alter des Menschen angepasst, ist Lernen mit unterschiedlichen Geschwindigkeiten und Inhalten möglich. So ist es auch in der jeweiligen Bewusstseinsstufe, in der ein Mensch sich befindet. Die Erfahrungsinhalte sind unterschiedlich, eben der möglichen Verbindung und Wahrnehmung zum Selbst oder der Stagnation der angstbesetzten Zone des Verstandes angepasst.

Ihr werdet nun empfinden, dass die Erhöhung der Schwingungsfrequenz mit den veränderten oder ihr angepassten Inhalten von Erfahrungen und der dazu nötigen Verantwortungsbereitschaft einhergeht.

Das würde bedeuten, dass zum Beispiel ein Mann, der für die Müllabfuhr arbeitet, verantwortungsloser sein kann als beispielsweise der Präsident der Vereinigten Staaten.

Von außen her betrachtet, ist diese Empfindung stimmig, da offensichtlich keine so heftigen Auswirkungen weltlich entstehen, wenn ein Mann den Müll nicht beseitigt und damit seine Arbeit nicht verantwortungsbewusst erledigt, oder aber der Präsident einen weitreichenden und für die Masse der Menschen zerstörenden Befehl an seinen Verteidigungsminister erlässt.

Aus weltlicher Sicht sind zwar die offensichtlichen Auswirkungen des verantwortungslosen Handelns beim Präsidenten auf das gesamte irdische Leben heftiger, dennoch ist, energetisch gesehen, das Maß der Verantwortungsbereitschaft, gemessen an der Bereitschaft für subjektive Bewusstwerdung und Reflexion der jeweiligen Menschen in ihren Berufen, dabei immer gleich hoch.

Wir sprechen hier immer von dem gegenwärtig „normalen Menschen“, der noch unter dem Regime der alten Strukturen und somit Unmündigkeit steht. Der Mensch, der sich in den bekannten und stagnierenden Schwingungen definiert und seinen Anspruch, „zu leben“, noch nicht verstanden hat.

Das bedeutet, dass wir im „normalen Fall der menschlichen Definition“ davon ausgehen, dass ein Mensch sich typischerweise den Beruf auswählt, der nach außen seine Bereitschaft „Verantwortung für Alles-was-ist“ tragen zu wollen, reflektiert und somit seine innere Bereitschaft aufzeigt, sich selbst zu erkennen.

In unserem Beispiel will aus dieser Annahme heraus der Präsident, sichtbar durch die Wahl seines Berufes, mehr äußere Verantwortung tragen und offenbart damit mehr Bereitschaft, sich selbst zu reflektieren und Bewusstwerdung zuzulassen.

Noch einmal: Das ist keine Wertung, sondern ein anschauliches Beispiel dafür, dass der „normale Mensch“ sich unter der irdischen Matrix transparent und offensichtlich zu erkennen gibt, da sein innerer Anspruch, Leben zu erkennen, auch in äußeren Definitionen – wie hier der gewählte Beruf; es gibt jedoch auch viele andere Beispiele dazu – darstellt.

Der „normale Mensch“ unter der noch **gegenwärtig aktiven Matrix** – wir müssen diese Aussage wiederum einschränken, da die gegenwärtig aktive Matrix auch bereits höhere Frequenzen zur Verfügung stellt; der Mensch aber immer die Möglichkeit hat, auf die niedrigeren Schwingungen zurückzugreifen und sich somit weiterhin gewohnheitsmäßig definieren kann – projiziert immer seine innere Bereitschaft, sich zu leben und zu erkennen, nach außen.

Somit kommen wir zu der bereits getroffenen Aussage zurück, dass sich die Bereitschaft, Leben zu verstehen und sich selbst zu erkennen, in der weltlichen Ebene spiegelt und damit die „äußere sichtbare Verantwortung“ (beispielsweise durch den gewählten Beruf) in Relation zu der Verantwortungsbereitschaft sich selbst und dem Leben allgemein gegenüber steht.

Und hier wollen wir euch vermitteln, dass der Mensch immer gleich viel Verantwortung „zu tragen“ hat. Das bedeutet, energetisch gesehen, dass die gleiche Bewusstseinsebene die gleiche Verantwortung bedingt.

Somit trägt der „normale Mensch“ – subjektiv für sich gesehen – die gleiche „Verantwortung für Alles-was-ist“ in Relation zu seiner Struktur und seiner Möglichkeit, sich selbst zu reflektieren und zu erkennen.

Auch hier wollen wir euch dazu aufrufen, nicht mehr zu urteilen oder zu werten.

Es wird energetisch nicht unterschieden; beide genannten Berufe stehen gleichwertig nebeneinander und unterscheiden sich energetisch nur darin, inwieweit die beiden Menschen Leben aus dem Selbst verstanden haben und damit bereit sind, den Menschen, der Erde und der Natur zu dienen.

Die Schöpfung wertet diese Bereitschaft, sich selbst zu erkennen, nicht. Die Wertung über die „gesellschaftliche Stellung“ des Menschen, durch beispielsweise seinen Beruf, übernimmt dabei die Gesellschaft und somit jeder einzelne Mensch.

Anstatt hier wieder in die eigene Verantwortung zu treten – was einer Bewusstwerdung entsprechen würde/Erhöhung der Frequenzen – und zu verstehen, dass Realität in jedem Moment wandelbar ist, zieht der „normale Mensch“ es meistens vor, sich seiner Realität gegenüber ausgeliefert zu fühlen und sich entsprechend mit Hilfsmitteln zu betäuben.

Wenn wir von dem „normalen Menschen“ sprechen, dann meinen wir den noch unerlösten, begrenzten Menschen, der sich durch bewusste Wahrnehmung in seiner subjektiven Geschwindigkeit jeweils weiterentwickelt.

Ein unbegrenzter Mensch, wie beispielsweise der alte Mann in dem Film „Peaceful Warrier", hat die Essenz des Dienens in der irdischen Form verstanden und wird, egal, in welcher Ausrichtung und in welcher Berufung, das Dienen im Hinblick auf das Verstehen, dass Gott in jedem lebenden Geschöpf existiert, leben.

Wie außen, so innen – wie oben, so unten!

Das bedeutet, dass der Mensch seine energetischen Prozesse und seine Selbsterfahrungen immer in der weltlichen Projektion vernehmen kann:

Wir sprechen nun noch einmal von dem unerlösten begrenzten Menschen (der „normale Mensch"), der sich durch sein Tätigkeitsfeld und die diesbezüglichen Erfahrungen in das Erkennen setzen will:

Ein Präsident beispielsweise spiegelt nun entweder einen Menschen wider (den Menschen, der sich durch die Liebe definieren möchte), der bereit ist – immer seiner gegenwärtigen möglichen Wahrnehmung entsprechend –, sein Selbst zu reflektieren, verantwortlich zu handeln und versucht, sich in Bezug auf die Menschen und die Geschöpfe der Erde zu definieren – entspricht einer hohen Schwingungsfrequenz und der Bereitschaft, Bewusstsein zu integrieren,

oder

einen Menschen, der sich durch das Feld der Nicht-Liebe definiert, der durch Intrigen und falsche Spiele zu einer Marionette der Mächtigen und deren unerlösten Machenschaften geworden ist – entspricht einer relativ niedrigen Schwingungsfrequenz und den unerlösten Eigenschaften wie beispielsweise der Gier.

Es definiert das Feld der Nicht-Liebe und geht **nicht** durch die irdische Projektion der Selbsterfahrung.

Wir sprechen in unseren Ausführungen von der Matrix, die in dem Feld der Liebe Projektionen spiegelt.

Ja, ich möchte gerne weiter informiert werden.

Bitte senden Sie mir Ihr Verlagsverzeichnis zu ☐

(Anschrift bitte auf der Rückseite angeben)

Diese Karte entnahm ich dem Buch ....

Ich fand das Buch inhaltlich ....

....

und die Gestaltung ....

Würden Sie dieses Buch weiterempfehlen? ....

Vielen Dank!

Weitere Informationen zu unseren Neuerscheinungen, Autoren, Webinaren und vielem mehr erhalten Sie aktuell und kostenlos auch über unseren **Newsletter** per Mail und im Internet.

Die Anmeldung finden Sie unter www.smaragd-verlag.de

info@smaragd-verlag.de - www.smaragd-verlag.de

Absender

Name, Vorname

Straße, Hausnummer

Land, PLZ, Ort

Telefon, Fax

eMail

(Bitte in Druckbuchstaben schreiben!)

Bitte
freimachen

Smaragd Verlag e.K.

Neuwieder Straße 2

D-56269 Dierdorf

Verantwortung wiegt nicht – Verantwortung ist und entspricht, energetisch gesehen, der Ausrichtung auf die Bereitschaft, Bewusstwerdung zu leben.

Das bedeutet, die Verantwortungsbereitschaft eines Menschen mit der Ausrichtung, Liebe zu leben, entspricht der Bereitschaft, sich selbst erkennen zu wollen, und das Tätigkeitsfeld schafft im Äußeren eine Klarheit über diese bewusste Bereitschaft.

Menschen, die den Verstand und das Ego erlösen, verstehen, dass sich ihr Sein nicht durch Geld oder Ansehen definieren lässt, und sie verstehen, dass die Erschaffung von Realitäten durch das Selbst und die Gedanken entstehen.

Das wird aber gegenwärtig noch nicht klar erkennbar in das irdische Feld oder, deutlicher, in die wahrnehmbare Realität des Menschen projiziert.

Deswegen ist dieses Thema ein nicht einfacher Sachverhalt und nicht so leicht zu erklären, da hier grundlegend unterschieden werden muss zwischen:

- der aktuellen Projektion der Matrix,
  wobei die **Masse der Akteure** (hier die Menschen) die sichtbare beziehungsweise Hauptillusion in der Realitätswahrnehmung bestimmt, und dennoch sind die unterschiedlichsten subjektiven Realitäten in Projektion zu den jeweiligen Realitätsformen. Das heißt, der Mensch sieht einerseits die aktuelle globale Ausrichtung und das Bewusstsein der Menschen durch die irdische Illusion beziehungsweise die projizierte Realität aus der Matrix, beispielsweise durch die Medien, oder durch das grundsätzliche Verhalten der Menschen und auch der Tiere auf der Erde

und erkennt aber auch die Resonanz aus der Matrix zu seiner eigenen Wahrnehmungs- und Bewusstseinform bei der Betrachtung und Beobachtung der subjektiv wahrgenommenen eigenen Realität.
Das bedeutet, dass die Matrix imstande ist, jede Resonanz auch in Projektion zu geben, und die global sichtbare Projektion den allgemeinen Bewusstseinszustand des normalen gegenwärtigen Menschen in wirklich diesem Moment in dieser Zeit darstellt.

- den Menschen, die sich in ihrer Bewusstwerdung bereits neu zu definieren verstehen und dadurch, wie soeben ausgeführt, eine Projektion jeweils der eigenen subjektiven Bewusstseinsstufe erfahren.
den Menschen, die aus einem Feld der NICHT-Liebe agieren und kein bewusstes Sein in Liebe unter der allgegenwärtigen Erfahrungsform dadurch anstreben können.
Diese Menschen agieren rein mental und brauchen andere, die durch die emotionalen Körper Resonanzen aufbauen. Das bedeutet, dass die rein mentalen Geschöpfe unter der aktuellen Matrix Schwierigkeiten haben, Realität zu projizieren und sich gerne anderer Menschen mit einem ausgeprägten emotionalen Körper bedienen. Gedanken erschaffen Realität – jedoch sehr vermindert und ohne den emotionalen Körper.

Wir sind diese Definitionen durchgegangen, um dem Leser ein bestmögliches Feld der Klarheit zu vermitteln.

Hier gilt es, die Resonanzen zu betrachten, zu verstehen, was sie global „erzählen" und in der subjektiven „eigenen Realität" Verstehen zu erlangen, was die Felder im Hintergrund, im Grunde die eigentliche energetische und zu erfahrende Form, aussagen, und welche Ängste und Strukturen es zu erkennen und zu überwinden gilt.

Wir sind von unserem ursprünglichen Thema dieses Abschnittes offensichtlich abgewichen und wollen nun auf die Aussage der Matrix eingehen, die „beschreibt“, dass die Programmänderungen im Plan des menschlichen Seins kein Zufall sind und letztlich alles bereits vorgegeben ist.

Laut Matrix wäre von dieser Warte das ganze Erfahrungsschauspiel reine Illusion und aus menschlicher Sicht total überflüssig.

Warum sollte die Schöpfung experimentieren, wenn das Ergebnis bereits vorliegt? Meint ihr wirklich, dass die Schöpfung nur festgefahrene Muster wiederholt und sich permanent den gleichen Impuls liefert?

Natürlich ist alles kein Zufall und zeitgleich und nur ein Programm, und dennoch scheint die Schöpfung Veränderungen im Schwingungsverlauf zu verzeichnen und dabei energetisch und – menschlich übersetzt – auch räumlich zu wachsen.

Auch wenn ebenfalls von der energetischen Warte der bisherigen menschlichen Erfahrungen Schöpfung letztlich noch vollkommen unerkannt ist – hier wirkt die kosmische Gesetzmäßigkeit ein, dass energetisch niedrigere Formen höher schwingende Formen nicht lesen können, und damit kann die Schöpfung zu keiner Zeit von energetisch niedrigeren Wesenheiten in ihrer Gesamtheit erfasst werden – und damit nicht beurteilt werden kann, würde sich die Schöpfung nicht in Wiederholungen, wie das bei euch in den Lebensformen üblich zu sein scheint, verstricken.

Oder nehmt ihr an, dass dies einfach auch eine Spiegelung im Äußeren ist? Ihr habt Recht! Auch die Schöpfung spiegelt ihren Ausdruck wider, aber sie war und ist ganz sicher noch niemals vom Verstand gelenkt oder bestimmt worden, und somit würde sie nicht ihre Erfahrungsformen ständig wiederholen.

Wir können gegenwärtig davon ausgehen, dass der Mensch seine innere Form und seine Ängste in das äußere Weltliche verlagert, um so das Erkennen des bewussten Seins besser wahrnehmen zu können.

Und das ist nicht der „Lernprozess“ der Schöpfung, sondern der Mensch hatte in dieser sichtbaren Form seines Lebens die Aufgabe, der Schöpfung seine Bereitschaft zur Weiterentwicklung zu spiegeln.

Wir gehen nun davon aus, dass Gott hier keine langweiligen Schauspiele inszeniert, deren Ausgang jeweils schon festgeschrieben ist, sondern dass Gott Rollen vergibt, um durch den „freien Willen“ eine Ebene zu eröffnen, die eben nicht vorgegeben ist und somit eine neue Erfahrungsform darstellen könnte – eben auch energetisch.

Wann jeweils das Programm mit der entsprechenden Erfahrungsebene gestartet wird, hängt davon ab, wann der freie Wille des Menschen auf die „Enter-Taste“ drückt.

Trotzdem ist auch dort nichts dem Zufall überlassen, da der Selbstaspekt in einem Timing, angepasst an den gesamten Entwicklungsprozess, Druck auslöst und weiß, welche Kapazitäten des Lernens und der Bewusstwerdung von „seinem Menschen“ gefordert werden können.

Daher ist der Mensch, der glaubt, dass sein Verstand die Kontrolle über sein Leben hat, sich selbst gegenüber einem Irrtum erlegen, da niemals und zu keiner Zeit der Verstand mehr konnte, als Leben abzuwägen und zu versuchen, es mit offensichtlicher Hilflosigkeit zu steuern.

Leben existiert in allen Räumen und zu gleicher Zeit und kann dadurch nicht verstandesmäßig erfasst werden.

Für das menschliche Verständnis bedeutet das, dass es eben kein „Nicht-Leben“ gibt, sondern nach dem physischen Tod nur die Verwandlung. Es wechseln nur die Räume, und das bedeutet, die Verwandlung in andere Realitätswahrnehmungen und unterschiedliche energetische Zustände.

Da alles in der physischen Ebene auf dem Gesetz von Resonanz basiert, ist es auch vorstellbar, dass das Leben, das ein Mensch geführt hat, nicht einfach nur so ist und keinen weiteren Einfluss auf das Große Ganze nimmt. Sondern, wie kurz zuvor erläutert, hat alles – jeder Gedanke, jedes Gefühl und jede Bewegung – eine Auswirkung auf andere Ebenen des Seins und natürlich auch auf die Ebene, von der die Bewegung ausgeht.

Wir werden nun detaillierter Auskunft über die beabsichtigte Aussage geben:

Das Leben, das durch den „freien Willen“ gelebt wird, dehnt sich in alle anderen Ebenen des Seins aus, das heißt, diese Form des Wahrnehmens und Agierens wird unendlich weitertransportiert und hat seine Auswirkung auf den unterschiedlichsten Ebenen des Seins.

In eurer weltlichen Form geschieht das durch die erlassenen Gesetze zur Wirkung. Ein Mensch, der sich beispielsweise gegen die Gesetze stellt, bekommt darauf eine Resonanz und letztlich Konsequenz zu spüren: Ein Fahrer, der die Geschwindigkeit mit seinem Fahrzeug übertritt, wird eine Geldbuße und gegebenenfalls weitere Unannehmlichkeiten zu spüren bekommen. Auch wird ein Mörder mit einer Gefängnisstrafe rechnen müssen. Energetisch gesehen gibt es genauso eine Konsequenz zu der Lebensform, die ihr in eurem irdischen Leben gewählt habt.

Ist ein Mensch verschlossen, lebt nur aus seinem Verstand und seinen Vorstellungen heraus und bedient sich zu seinem Wohl anderer Menschen oder Lebewesen, dann wird er nach seinem physischen Leben auch diese Modalitäten in einer anderen Welt/Form vorfinden.

Das bedeutet, dass sich die Menschen das Bild ihres weltlichen Lebens weiter ins Jenseits transportieren, um da unter neuen Voraussetzungen zu lernen, mit den Anhaftungen umzugehen, die sie in der Lebensphase des menschlichen Seins nicht erkennen konnten.

Also sind die Vorstellungen und die Weisungen der Kirche aktuell nur verzerrt, und/oder die Aussagen sollen den Menschen während seiner unerlösten und unwissenden Lebenszeit „schützen" und sich selbst gegenüber unmündig machen. Die Kirche versucht, die Menschen auf eine einfache Art und Weise darauf vorzubereiten, dass die Sündigen einen niedrig schwingenden Ort auch nach dem physischen Ableben vorfinden werden, und die Menschen, die sich der Liebe und der Demut verschrieben haben, werden erlöst sein von unguten und unerlösten Strukturen.

Wenn sie beichten, gibt die Kirche ihnen eine Möglichkeit, sich zu befreien und sich selbst zu verzeihen – es ist im Grunde ein psychologisches Spiel, das den Menschen die Möglichkeit geben soll, frei von Schuld neu zu beginnen und sich dadurch von ihren alten Lasten zu befreien. Der Priester, der die Beichte abnimmt, wertet nicht und vergibt, egal, welche Sünden im Leben der Menschen vorgefallen sind.

Die Kirche zeigt den Menschen ihre Unmündigkeit, die sie gegenwärtig noch fast ausschließlich leben. Wie viele Menschen unter euch sind frei und mündig? Und der unmündige Mensch bekommt Schutz und Zuflucht in der Kirche und im kirchlichen

Glauben. Dennoch wird hierbei sichtbar aufgezeigt, dass die Kirche von Menschen repräsentiert wird, die auch Fehler machen und versuchen, unerlöste Machtbegierden zu befriedigen.

Es ist nichts falsch an der Kirche, sondern sie wird fast ausschließlich von noch unerlösten Menschen repräsentiert, und dadurch können die Interpretationen der heiligen Schriften nicht erlöst sein.

Die Kirche spricht von Himmel und Hölle, und in der Tat hat das gewählte irdische Leben nach dem physischen Tod kein Ende. Es ist nicht nur in Himmel und Hölle geteilt, sondern auch in die vielen möglichen Definitionen zwischen diesen beiden Begriffen.

Nach dem physischen Tod gibt es demnach für die Menschen einen Ort der Selbst-Reflexion, des eigenen Erkennens, und die Menschen regenerieren ihre unerlösten Ausrichtungen, bis Wissen an die Stelle des Verstandes tritt und die Liebe anstelle des angstvollen Verhaltens.

Wir sind wieder bei der Definition der Räume angekommen und wollen euch vermitteln, dass ihr nach dem physischen Tod, egal, ob Sterben oder Aufstieg, einen Raum der Regeneration vorfinden werdet, der euch eure Einstellungen, Ängste, Glaubenssysteme und Prägungen und auch euren Lebensmut in den Zeiten des physisch wahrnehmbaren Seins aufzeigen wird.

Der physische Tod ist somit keine Befreiung aus unerlösten weltlichen Problemen oder Szenarien, sondern nur eine weiterführende Schulung bezüglich der nicht verstandenen Aufgaben.

Lebt ein Mensch in Gier und Selbstbefriedigung, wird er in den projizierten Räumen die Möglichkeit erhalten, sich nochmals zu erkennen – es ist keine Erlösung/Erneuerung aus dem

Zustand, der weltlich in seiner Lebensweise vorherrschend war. Es ist eine Ebene, die erneut die Möglichkeit einräumt, Bewusstwerdung zu erfahren.

Ein Mensch, der zu den irdischen Lebzeiten Liebe und Demut gelebt und geschenkt hat, wird sich in den Räumen nach dem physischen Tod in ähnlich erlösten Zuständen wiederfinden und eine Form von Erholung und Regeneration erfahren.

Es ist nochmals notwendig zu verstehen, dass alles gleichzeitig geschieht. Es gibt nicht erst das eine und dann das andere, sondern alles und jede Struktur des Seins bedingt sich gegenseitig.

Das bedeutet, dass Leben in der physischen Struktur bereits den Raum zur Reflexion bildet und auch die Möglichkeit gibt, ihn stets neu zu verändern beziehungsweise der gelebten Essenz anzugleichen.

Nichts geht verloren – keine Handlung, kein Gedanke. Also wie könnt ihr davon ausgehen, dass bei einem Selbstmord die Auswirkungen des Seins abgeschlossen wären?

Im Gegenteil – ihr würdet hier nur einen Aspekt verkürzen, der aber in der Nebenrealität seinen Plan verfolgt. Das Programm in sich wäre nicht zu verändern, nur weil der freie Wille oder, besser ausgedrückt, der Verstand sich für den physischen Tod entschlossen hätte.

Es wäre für die Realität des Menschen in seiner Erfahrungsform fatal, aus dem Verstand heraus das Leben zu beenden, da für einschneidende Ereignisse das Programm die Möglichkeit einer Veränderung der Programmierung beinhaltet.

Das würde bedeuten, dass der Mensch, der über seinen Verstand physisches Leben beendet hat, eine Erfahrungsform ohne Körper, allerdings weiterhin in der Ebene der irdischen Realität macht, ohne die Möglichkeit zu haben, weltlich zu agieren.

Die Nebenrealitäten verfolgen weiterhin das ursprüngliche Programm, und Selbstmord ist gleichbedeutend mit einer mentalen Verweigerung, Bewusstsein zu erfahren.

Die Auswirkung dessen ist unter dem noch vorherrschendem Regime von Raum und Zeit in der irdischen Definition unendlich groß, da Raum und Zeit bewirken, dass der Mensch in eine Warteschleife bezüglich seiner eigenen Erfahrungsinhalte treten muss und dadurch nicht imstande ist, sich zeitgleich in Bezug zu anderen Realitätsebenen zu definieren.

Also verbringt der energetische Aspekt seine irdische Lebenszeit ohne physischen Körper und sitzt sozusagen Zeit ab – auch wenn es eine Illusion ist, aber wie bereits mehrfach erwähnt, in der gegenwärtigen Erfahrung Realität impliziert, um dadurch wirkliche Erfahrungsprozesse zu ermöglichen –, bis das Programm den „natürlichen/programmierten" irdischen Tod verzeichnet hat. Ein Absitzen ohne die Möglichkeit, körperlich und durch den freien Willen zu agieren.

Die Frage aus der Matrix lautet nun, ob es auch das Programm sein kann, welches die Erfahrungsform des Selbstmords verzeichnet: Das ist richtig, und es muss klar definiert werden, ob ein Selbstmord verstandesmäßig gesteuert wird oder eine Form der psychischen Störung durch den emotionalen Körper das Programm freisetzt.

Tatsache ist jedoch, dass ein verstandesmäßig – in welcher Dynamik auch immer – gesteuerter Akt, Leben zu vernichten, immer einen Eingriff in das Programm bedeutet, und da Leben mit dem physischen Ableben nicht beendet ist, läuft das Programm dann auf einer nächsten Ebene weiter.

Der Aspekt Leben, der in der irdischen illusionären Realität mental, das bedeutet, durch die Nicht-Liebe beendet wird, sitzt in der Raum/Zeit-Schleife und wartet auf seinen Anschluss.

Leben ist ein göttliches, unendliches Geschenk, ist damit heilig und kann nicht durch menschliche mentale Entscheidung beendet werden. Die Frage für die Menschen wird immer sein, was nun Programm und was ein mentaler Eingriff ist.

Ist es Programm, eine so fortgeschrittene Medizin zu haben, die Menschen auch im Koma am Leben erhält, oder ist es Programm, dass der Mensch im Grunde bereits tot wäre?

Wir versprechen euch, dass ihr bemerken werdet, wenn ihr gegen das Programm mental angeht, genauso, wie es für die Menschen spürbar ist, ob sie reflektieren und bewusst integrieren oder sich ihrer Erfahrungsform verweigern.

Die reinste Form ist, dass der Mensch sich beobachtet und hingibt, den Moment wahrzunehmen lernt und sich in den Schoß des Lebens fallenlässt – ohne Konzepte, Pläne und Vorstellungen.

Das ist Leben, und es wartet darauf, dass ihr den Widerstand gegenüber eurem Selbst loslasst, um eure Programme bewusst leben zu können. Es ist das Geschenk irdischen Lebens und Seins – den Verstand zu verlassen und die eigene Natur zu leben.

Die Frage, die nun zu dem Thema bleiben könnte ist, warum sich in der Reinkarnation dann nicht die Muster erlöst haben, die der „Mensch“ oder, besser, die sich zu erfahrende energetische Form, doch in den Räumen der irdischen Projektion nach dem physischen Tod auffindet und durch die sie Leben tiefer verstehen oder auch erfahren könnte.

Das bedeutet, dass die energetische Form in dem nach dem irdischen Leben projizierten Raum Leben nachträglich besser verstehen und demnach erfahrener oder wissender in die „nächste irdische Form“ zurückkehren könnte.

Es ist so, dass Leben in der irdischen Form in der Materie des menschlichen Seins erfahren wird und in den Räumen zwischen den irdischen Leben Strukturen und Muster erkannt werden, aber letztlich nur eine Regeneration und eine Klärung, energetisch gesehen, eintreten kann.

Diese Klärung dient zur „Entwirrung" physischer Strukturen, zur Klärung der zu erfahrenden Aspekte, damit die energetische Form wieder wissend in die zu erfahrende Form eintreten kann. Zusätzlich tritt gegenwärtig noch das Vergessen bei der Geburt in die physische Ebene ein, und die Erfahrungsformen werden neu gestartet.

Bei der Reinkarnation ist zwar das Muster erkannt worden, jedoch waren die Übersetzungen/Umsetzungen bislang nicht angstfrei. Das bedeutet, dass ein unbewusstes Leben bis zu einem unbewussten Ableben in gleiche projizierte Räume führt und Wissen zwar in den Übergängen aktiviert wird und eine Form der Ordnung und Angleichung geschieht, doch sind diese Wissens-Festplatten zu dem Zeitpunkt des Wiedereintritts in die irdische Form gelöscht, und wiederum ist die Aufforderung der Selbsterfahrung durch die physische Form gestellt.

Das entspricht der gegenwärtigen Form und wird mit zunehmender Bewusstwerdung und Schwingungserhöhung durch den bewussten Aufstieg nach dem irdischen Leben abgelöst. Dann ist Leben vor, während und nach dem physischen Aufenthalt bewusst und wird nicht länger durch die mentale Instanz geleitet.

Alles dreht sich um die Bewusstwerdung und die Veränderung, die durch die Matrix in die weltliche Form gebracht werden darf. Dafür sind energetische Prozesse notwendig und die Bereitschaft des Menschen, sein Selbst bewusst zu erfahren.

Es ist letztlich die Bereitschaft des Menschen, sich auf eine Welt, die nicht verstandesmäßig zu erfassen ist, einzulassen und zu wissen, dass sich alle Zeit/Raum-Definitionen auflösen werden.

Leben wird dann im Kollektiv und realitätsübergreifend verstanden – ein Leben, in dem es nicht mehr um die Definition einer einzelnen Realität geht. Leben wird in seiner Vielfalt verstanden und dadurch völlig anders als bekannt in seine Erscheinungsform gebracht.

Es wird erlösend für die Menschen sein zu verstehen, dass Isolation nicht Gegenstand des menschlichen Lebens ist und gleichzeitig herausfordernd, da alle alten Strukturen und Verhaltensformen abgelöst werden.

In allen Räumen und durch alle Zeiten.

☆☆☆

Angst

Eigentlich war dieses Thema nicht geplant, dennoch bildet Angst eine zentrale Grundlage jedes Handelns und Denkens und wird damit stetig zum Mittelpunkt des menschlichen Wirkens.

Da wir während des Schreibens weiterhin die getroffenen Aussagen mit Unterstützung des menschlichen/irdischen Aspektes durch die energetischen Felder – die Matrix – der Menschen tätigen, werden die Themen verändert und gewinnen an Priorität.

Für uns ist es ein spannender Moment zu sehen, wie die Menschen – hier unser Mensch, der sich bereit erklärt, Raum und Zeit zumindest während des Schreibens zu überwinden – sich verändern, während energetische Frequenzen die Schwingungsebenen beim Schreiben erhöhen.

Wir wollen euch Mut machen – jeder vermeintliche Angreifer in eurem Leben bringt die Chance für Entwicklung und Schönheit, da ihr das Feld verlasst und somit eure Angst verliert. Anderenfalls werdet ihr hart und verhärmt, sucht nach Auswegen, um euch nicht selbst die Frage zu stellen, wie ihr an diesen Platz gekommen seid – vermeintliche Ungerechtigkeiten im Leben.

Wenn ihr Menschen gelernt habt, euch zu reflektieren – und wir sind uns im Klaren darüber, dass einige Menschen unter euch es leid sind, erneut und wiederholt in die Reflexion bezüglich ihrer Wahrnehmung zu gehen, da ihr der Meinung seid, dass dies vielleicht Bewusstsein erhöht, aber dennoch in gleichem Maße gegenwärtig noch anstrengend und belastend sein kann –, wird Leben aus der Tiefe des eigentlichen Wahrnehmens friedvoller und stiller.

Dieser von uns gewählte Satz beschreibt auch, dass ihr „Leid“ empfindet, wenn ihr gewillt seid, zu reflektieren, oder, anders herum: Ihr empfindet genügend Leid und müsst beginnen, zu reflektieren.

Hier ist doch die Frage, ob ihr die Qualität eures Lebens steigern wollt und demnach auch aufgefordert seid, euch in dem Schauspiel zu erkennen. Oder ihr wählt die Isolation und die Scheinrealität, die euch dazu bringen, verhärmt, isoliert und einsam zu sein.

Wir gehen einmal von der für uns natürlicheren Variante aus: Der Mensch ist bereit, Anstrengung auf sich zu nehmen und sich zu hinterfragen.

Alle irdischen Erfahrungen scheinen so aufgebaut zu sein, dass Wachstum mit Anstrengung und mühevollem Lernen verbunden ist. So ist es dann auch: Ein Glaubenssystem, das euch erzählt, dass ihr, um ein ernstzunehmender, gesellschaftlich akzeptierter Mensch zu werden, viel lernen müsst, mühselig arbeiten sollt und am besten die meisten selbstbezogenen Entsagungen hinnehmt, um dann am Ende wirklich sagen zu können: Wenn ich nun gesellschaftlich bestanden habe, war ich ein guter Mensch und finde Einlass in erlöste Welten. Es sind aber nur Gesellschaftsprogramme, die dem Menschen erzählen, wie er vermeintlich zurück in die Göttlichkeit kommen kann.

Ja, es ist so, dass die Menschen nicht auf ihre innere Stimme und Weisungen vertrauen. Ungewohnte körperliche Mechanismen sind vermeintlich schlecht und werden als Instabilität oder auch als Blockade gewertet. Anstatt euch neu zu erfahren, eure Veränderungen wahrzunehmen und euch in anderen Zuständen neu definieren zu lernen.

Ihr erhaltet neue Potenziale – wie sollen sich DNA und Gehirnkapazitäten verändern, wenn nicht auch eure Gewohnheiten und alten Verhaltensstrukturen?

Der Mensch verspürt die Zeit im Wandel.

Habt ihr das Gefühl, dass sich das gewohnte Rad zu schwerfällig dreht? Ihr wartet doch darauf, dass Leben in euch eindringen kann. Dann müsst ihr auch neue Wege erlauben.

Es gibt für euch die Möglichkeit, neue Wege lieben zu lernen, euch weiterzuentwickeln, neue Strukturen verstehen zu wollen oder euch mit dem bisherigen Glauben zu beschäftigen, dass die gegenwärtige Realität nichts Neues bringen wird und sich an eurem Zustand grundsätzlich nichts verändern kann, da es keinen plausiblen Grund und auch keinen Weg gibt, den der Verstand und das gegenwärtige Bewusstsein euch bislang beschreiben könnten.

Aber das ist ja die Grundlage der Veränderung und des Wandels! Ihr werdet nichts Gewohntes mehr erleben können, da ihr euch in vertrauten Feldern immer nur im Kreis drehen würdet.

Ihr wollt keine Ansprachen mehr von lichtvollen Gestalten hören, sondern sehnt euch gefühlsmäßig nach eigener Erhöhung und Bewusstwerdung.

Also was hilft es euch, spirituelle Reden von anstehenden Erlösungen zu hören und dass die Engel bei euch sind...

„Bloß – wo ist nun mein Engel?“

Abgesehen davon, dass sie wirklich da sind – könnt ihr diese zweifelnden Stimmen in euch vernehmen?

Yoga und Meditation sind ein möglicher Weg, ein Weg ohne Drogen wie Alkohol oder Ritalin, um Seinszustände zu verändern und mehr zur eigenen Mitte zu finden. Aber was ist mit der ersehnten Erlösung? Erlösung von Prägungen und Verhaltensstrukturen, die euch immerwährend vor dieselben Herausforderungen und Leidenspotenziale führen?

Die Menschen haben im Allgemeinen – wie hier schon aus verschiedenen Kontexten heraus angesprochen – den Mechanismus, ständig im gleichen Raum zu verweilen – zwar mit einigen internen Veränderungen, aber der Rahmen dazu bleibt bestehen.

Um ein besseres Verständnis zu geben, stellen wir uns einmal eine Gerade vor, die eine Bewusstseinsentwicklung mit höher werdender Frequenz (immer von der dreidimensionalen Perspektive aus betrachtet) von links nach rechts skizziert:

Niedrige Frequenz	**Steigende Frequenz**	**Hohe Frequenz**
Links	Mitte	Rechts
Alte, gewohnte Räume	Alte und neue Räume	Neue Räume
Mentale Orientierung	Mentale und emotionale Orientierung	Emotionale Führung
Verstand/Ego	Verstand/Gefühl	Gefühl/Selbst
Überleben	Überleben/einsetzendes Gefühl „Leben“	Leben
Rechtfertigung	Rechtfertigung und Erklärung	Erklärung/Stille
Scheinbare Sicherheiten	Gefühl zum Selbstbetrug entsteht	Hingabe
Isolation	Gefühl, was Isolation/ Kollektiv bedeutet	Existenz
Niedriges Bewusstsein	Einsetzendes Bewusstsein	Höheres Bewusstsein

Wir möchten hier dem eventuell entstehenden Missverständnis vorbeugen und erklären, dass wir nicht die mentale Ebene als niedrige Frequenz und die emotionale Ebene demnach als höhere Frequenz bezeichnen wollen, sondern gehen mit der Angabe der mentalen und emotionalen Orientierung/ Führung davon aus, dass der Mensch in niedrigen Bewusstseinszuständen die mentale Ebene als Verstandesführung benutzt – so, wie er auch weniger Möglichkeiten hat, überhaupt zu verstehen, was Liebe bedeutet – und nicht, wie ursprünglich vorgesehen, als „Brücke“ von der weltlichen Wahrnehmung zum Bewusstsein und als „Kommunikationspartner“ zum emotionalen Körper verstehen kann.

Das bedeutet, dass der Mensch in niedrigen Schwingungsebenen seinen emotionalen Körper zurückdrängt und dem mentalen Körper eine „falsche Aufgabe“ übergibt, nämlich die emotionale Wahrnehmung mit zu ersetzen.

Ein „gesunder“ energetisch schwingender Körper steht im Gleichgewicht zwischen mentaler und emotionaler Ebene und kommuniziert auf körperlicher Ebene auf der Höhe des Solarplexus miteinander. Beide – mentaler und emotionaler Körper – sind gleichberechtigt und haben nur in ihrer ursprünglichen und vorgesehenen Form die Möglichkeit, stimmig zu kommunizieren und damit bewusstes Sein zu bewirken.

Auch sind beide energetischen Körper notwendig, um beispielsweise die Merkaba in Schwingung zu versetzen.

Ihr Menschen befindet euch gegenwärtig in einem Zustand von Neuorientierung und neuen Ausrichtungen. Das bedeutet, dass euch nicht erklärt werden kann, wie Leben sich verändern wird, sondern ihr werdet nur verspüren, dass alte Vorgehensweisen oder Verstandesvorgaben nicht mehr länger funktionieren.

Wir wollen euch jedoch einfache Möglichkeiten der Selbstreflexion geben und euch praktische beziehungsweise offensichtlich wahrnehmbare Situationen beschreiben, die der Mensch alltäglich abrufen kann.

Ihr habt beispielsweise einen Zahnarzttermin und wisst, dass eine – menschlich gesehen – schmerzhafte Prozedur ansteht. Die Praxis gibt euch zwei Termine an diesem Tag zur

Auswahl: Entweder könnt ihr vormittags um 11.00 Uhr zu einem Prof. Dr. Überflieger kommen oder um 14.30 Uhr zu einem Dr. Zahnspezial.

Der Verstand würde euch sofort raten, am Vormittag den Termin wahrzunehmen, da das Ganze dann schneller vorbei ist (der Verstand sitzt unangenehme Dinge aus und geht aus dem Moment schon in zukünftige Ereignisse, um sich zu schützen – je schneller vorbei, desto besser) und an diesem Vormittag ein Professor die Behandlung vornehmen würde (er hat immerhin einen höhergestellten Titel, also ist er hoffentlich kompetenter). Gefühlsmäßig könnt ihr aber spüren, dass ihr lieber den Termin nachmittags nehmen würdet, wisst aber nicht genau, warum.

Der „normale Mensch" entscheidet hier meistens aus dem Verstand heraus und findet die Erklärung sehr plausibel, geht damit sozusagen den „linken, veralteten Weg".

Der mittlere Weg ist der Mensch, der hier sein Gefühl dazu vernehmen kann und sich hin und hergerissen fühlt zwischen den beiden, den Verstandes-Argumenten und dem Gefühl – und letztlich so schlecht mit der Situation umgehen kann, dass er die Sprechstundenhilfe bitten wird, ihm den richtigen Termin doch zu weisen: „Ist denn der Professor besser als der Dr. Zahnspezial?"

Der Mensch in unserem rechten skizzierten Weg ist der Mensch, der nicht nur das Gefühl dazu wahrnehmen kann, sondern sich ohne zu zögern dafür entscheiden wird. Der Verstand hat hier nicht mehr Einfluss, als sich gerade mal zu räuspern – mehr wird von diesem Menschen nicht mehr zugelassen.

Ihr begegnet tagtäglich Herausforderungen dieser Form und seid aufgerufen, zu wählen und Entscheidungen zu treffen. Diese Entscheidungen sind geprägt durch Erziehung, Gesellschaft, Familie, Kultur und viele andere Faktoren, energetisch und menschlich gesehen.

Auch in dieser Form der Entscheidungsfindung sind die Menschen von ihrer Angst geleitet, und sie werden erheblich durch vergangene Erfahrungsformen beeinflusst. Dadurch entstand und entsteht die Definition von Räumen, und hier geht es nicht darum, alles hinzuwerfen und sich auszuliefern, sondern die alten Räume sich auflösen zu lassen und neue Räume zu betreten.

Es wird in der weltlich definierten Zukunft die Herausforderung geben, dass der Mensch nicht mehr so, wie in seinen vergangenen Zeiten, Räume festlegen wird und dadurch ein Konzept für den Verstand entwickelt, sondern er wird die Hingabe erfahren und das Wissen akzeptieren, dass Versorgung und Leben nicht unbedingt mit den Vorstellungen des Verstandes harmonisieren, sondern sich völlig anders definieren.

Ihr habt beispielsweise Streit mit eurem Partner, und die Menschen um euch herum wünschen euch, dass wieder alles gut mit ihm/ihr wird.

Was bedeutet denn hier **„gut werden"**? Welcher Mensch weiß denn durch seinen Verstand, wann der Weg gut für einen anderen Menschen ist? Die dazu benötigte Messlatte liegt immer in der eigenen Erfahrungsform und in dem „Verhindern von Unannehmlichkeiten" in dem Konsens: „Gott sei Dank ist wieder ein Tag ohne Verletzungen und Unfälle bestanden". Überlebt ihr noch, oder lebt ihr schon?

Hier gilt es, unterschiedliche Verhaltensformen zu entdecken und sich in Reflexion zu den äußeren Gegebenheiten zu erfahren.

Wieder ist hier das Gefühl des lethargischen Menschen, dass die Selbstreflexion anstrengend ist und das Leben eben noch unter alten verstaubten Gesetzmäßigkeiten in Definition gebracht wird. Einfacher ausgedrückt bedeutet es, dass der Mensch in Schwierigkeiten entweder zur Lethargie tendiert und sich isoliert, da er die Welt und seine Realität vermeintlich sowieso nicht verändern kann – wobei diese Aktion immer zum Verschluss des emotionalen Körpers führt –, oder er ist irgendwie bereit, sich als Schöpfer seiner Realität anzuerkennen und kann durch die Empfindung des eigenen Drucks die Angst vor dem Versagen bewältigen und sich mit seiner gegenwärtigen Situation bewusst betrachten.

Versucht einmal zu verstehen, dass es keine Streitereien oder Auseinandersetzungen geben müsste, da sie nur Energie verschwenden und nicht hilfreich in einem produktiven Weiterkommen sind. Streitereien führen nur dazu, sich scheinbar eine Legitimation für eine Handlung zu geben und sich damit im Recht zu fühlen. Die Bereitschaft, etwas Bereicherndes im Leben hinzuwerfen, weil das Ego den Hauptteil der alten Räume aufrechterhält, ist gleichbedeutend mit Selbstsabotage. Das Thema Angst ist hier vielschichtig und weitreichend.

Wenn beispielsweise ein Kind nachts einen Alptraum hat und zu den Eltern ins Schlafzimmer kommt – wie wäre wohl die „sinnvollste" Reaktion seitens der Eltern?

Es gibt Eltern – und das ist die Mehrheit – die ihrem Kind sagen, dass es keine Angst haben muss, es habe nur geträumt. Sie fordern das Kind auf, wieder in sein Bett zu gehen und einzuschlafen, da es keine Angst haben muss.

Es gibt auch Eltern, die dann mit dem Kind zusammen aufstehen und es ins Zimmer führen, das Licht einschalten und ihm erklären, dass wirklich kein Monster zu sehen ist. Daraufhin wird das Kind zurück ins Bett gelegt.

Letztlich gibt es noch Eltern, die mit dem Kind ins Zimmer gehen und es auffordern, zusammen das Monster zu suchen und nicht aufzuhören, bis sie es gefunden haben. Dann werden sie und das Kind zusammen dem Monster sagen, dass es hier nicht bleiben kann, da es nicht sein Platz ist. Der Chef in diesem Zimmer ist das Kind, und somit wird sich das Monster einen anderen Ort aufsuchen.

Die dritte aufgeführte Alternative führt dazu, dass das Kind bereits lernt, sich seinen Ängsten zu stellen, sich mit ihr zu konfrontieren anstatt sie zu verdrängen oder schönzureden.

Das Kind lernt durch die Konfrontation mit seinen Ängsten, dass der Verstand zwar Gesetzmäßigkeiten und Erfahrungen der gelebten Vergangenheit kennengelernt hat, aber dieses Leben durch den Verstand auch bestimmt ist von Isolation und Überlebensinstinkt.

Wir wollen einen kurzen Ausflug zum Leben/Überleben und den offensichtlichen und vermeintlichen Angriffen auf lichtvolle Menschen zu sprechen kommen.

Mahatma Gandhi hat sich angreifen lassen und sich niemals von den Menschen abgewandt. Was ihm das einbrachte, außer ermordet zu werden? Es brachte ihm zumindest teilweise Frieden und Glückseligkeit, Ruhe, da er um das Große Ganze und die Illusion des physischen Todes wusste. Es brachte den Menschen eine Geschichte, die bis heute in euren Systemen arbeitet und euch zu großen Veränderungen aufruft.

Mutig zu sein und weiterhin lieben zu können, egal, welche Mächte euch gegenüberstehen und euch am liebsten vernichtet sehen würden.

Was tut das dann mit euch? Bringt es euch zum Zweifeln an eurem Sein und euren Handlungen? Bringt es euch dazu, alten Verhaltensformen entgegenzugehen?

Es ist vermeintlich der einfachste Weg, sich den bekannten

Strukturen zuzuwenden, sie haben doch funktioniert und zumindest das Leben stabil gehalten.

Es ist in euren Realitäten natürlich, Fehler zu begehen, vor allem aber ist es die Aufgabe in eurem gegenwärtigen Sein, um Erfahrung mit einem transparenten Erlebnis zu machen. Aber Fehler zu machen, so ist es euch vermittelt worden, gibt schlechte Noten, und schlechte Noten lassen euch nicht die Prüfungen bestehen, die ihr braucht, um ein ernstzunehmender Teil des weltlichen Spiels zu sein. Und damit ist wieder vorprogrammiert, dass ihr funktionieren müsst, da sonst Leben in der gesellschaftlichen Struktur nicht gut möglich ist.

Natürlich könnt ihr überleben, dennoch ist der alltägliche Zeitplan so vollgestopft mit den zu erledigenden Dingen, dass nicht wirklich Zeit bleibt, um Leben in seiner Ursprünglichkeit und euch in der eigenen Reflexion zu erfahren.

Letztendlich geht es in diesem Erleben immer wieder um das gleiche Thema der Angst, die wir nachfolgend anhand der zwischenmenschlichen Beziehungen und Partnerschaften transparenter gestalten wollen.

„Erinnert euch an eure Kindertage, an die Unbeschwertheit des Seins“.

Ängste sind energetische Zustände, die physische, geistige Blockaden und eine Störung in der freien Kommunikation mit dem Selbst bewirken – Zustände, die stagnierendes Verhalten auslösen.

Aus der Vogelperspektive betrachtet, existieren menschliche Handlungen und Szenarien, die aus energetischer Sicht spektakulär sind und einem unbeteiligten Menschen oder Geschöpf wahrhaft vermitteln könnten, dass der beteiligte Mensch ein enormes schauspielerisches Talent hat oder einfach im Wahnsinn steckt.

Der Verstand und das Ego des Menschen sind so beschaffen, dass die Möglichkeit besteht, dem Menschen seine Realitäten so vorzuspiegeln, dass er sich als wahrhafter Verursacher seines eigenen Untergangs definieren kann.

Verstand und Ego bedienen sich hierbei in vielerlei Hinsicht „Filtern", die den Menschen dazu veranlassen zu glauben, dass sein Handeln völlig normal oder den Umständen angepasst ist.

Wenn sich beispielsweise einst liebende Partner trennen, begegnen sie menschlichen Urängsten: Isolation, Ausgestoßen-Sein, dem Verlust der Liebe, oder der Herausforderung, sich selbst reflektieren zu müssen.

Der Verstand und das Ego haben nicht die Möglichkeit, wahrhaft zu reflektieren, und damit ist es auch nicht möglich, sich durch diese gegenwärtig aktive Struktur in dieser Situation „neutral" zu erkennen.

Der Verstand kann grundsätzlich nicht mit neuen Situationen umgehen, da er nur alte vergangene Erfahrungen werten und letztendlich beurteilen kann. Jede neue ungeplante Situation löst Chaos aus und somit wiederum Angst.

Der Filter des Verstandes baut durch die Angst – die wie eine Blase die Wahrnehmung der neuen Situation abpuffert – eine Scheinrealität auf und erschafft eine mental plausible Erklärung, warum es besser ist, sich aus der doch bereits beendeten Liebe zurückzuziehen, oder warum es der richtige Weg war, den Partner zu verlassen.

Der Mensch ist auch fähig, allerlei Erklärungen darüber abzugeben, weshalb sein eigenes Verhalten in Ordnung ist, und er versucht eine Position einzunehmen, in der er sich der Situation nicht ausgeliefert fühlen muss, sondern durch Trugbilder

Ängste verhindert und die irrsinnigsten Verhaltensformen plötzlich erklärbare Formen annehmen können.

Es fehlt die notwendige Bereitschaft zur Reflexion, die diesbezügliche Angst in dieser Situation zu überwinden, Realität so zu betrachten, dass sie eine Ebene der Erfahrung wird und Angst nur dazu dient, ein Zeichen zu setzen, dass hier energetische Aufstiegsmöglichkeiten zur Verfügung stehen. Aufstiegsmöglichkeiten, da Angst letztlich nur der Hinweis ist, dass durch die Reflexion und das Spüren des emotionalen tiefen Zustands die bewusste Wahrnehmung möglich wird.

Mutter Erde und Thoth:

Wir möchten euch an diesem Punkt darauf hinweisen, dass wir in einer Form der energetischen Symbiose, besser ausgedrückt: der Synergie, sprechen, da wir in diesem „Zustand“ auf den unterschiedlichen Ebenen von euch erdachte oder auch gegenwärtig bewusste Seinsformen und Lebensinhalte erreichen, die durch die Ebenen des menschlichen Parts in der noch momentanen Auslebung der Polaritäten, und somit auch der Unterscheidung von mentaler und emotionaler Energie, relevant sind.

Ihr Lichter seid Wesenheiten, die noch so sehr auf der Ebene und in dem Bewusstseinszustand der männlich/weiblichen Identität versuchen, sich zu identifizieren, dass es leichter ist, sich in dem erdachten Zustand diese Energien durch die vorrangige Präsenz in der weiblichen Form von Mutter Erde und der männlichen Präsenz in der Form von Thoth nahezubringen.

Wir werden nun neben der Angst zwei relevante Themen aufgreifen:

Einerseits geht es um das Verstehen der scheinbaren Gerechtigkeit der weltlichen Systeme, wie beispielsweise in euren Staatensystemen, der damit verbundenen Rechtssprechung und der Frage nach einer Lösung in schwierigen zwischenmenschlichen Situationen. Andererseits geht es um die Aufklärung der entstandenen Verletzungen aus zwischenmenschlichen Beziehungen in Zusammenhang mit euren partnerschaftlichen Sichtweisen und der darin enthaltenen Identität des einzelnen Menschen.

Aus schöpferischer Sicht und dem Erkennen des großen Zusammenhangs würden wir es auf den Nenner der Selbsterfahrung und der damit verbundenen unausweichlichen Erlösung des Egos bringen, was wir euch nun soweit erklären wollen, damit ihr verstehen könnt, dass alles verbunden ist mit der Suche nach Liebe, der Konfrontation mit den Ängsten und ihrer Überwindung und der daraus resultierenden Wahrnehmung im Kollektiv.

Die Menschen sind so sehr auf der Suche nach der Liebe – und hier sprechen wir wahrhaft nicht von der polarisierten Liebe mit dem Gegensatz des Gefühls von Hass, sondern von der reinen Liebe, die um die Existenz des gesamten Seins weiß.

Die Liebe, die ist, ohne zu erwarten – die Liebe, die ist, ohne Defizite ausgleichen zu müssen – die Liebe, die immer das Mitgefühl spürt – die Liebe, die Selbsterkennung im Großen Ganzen im Moment wahrnimmt, sodass keine Urteile und Fragen bleiben können.

Durch das Aufschreiben der energetischen Erklärungen und Sachverhalte in diesem Buch wird Bewegung in die Matrix gebracht, die im menschlich weltlichen Spektrum regelmäßig Aufgaben durch das physische Sein leitet, welche das reine Sein mit dem Menschen verbinden und dadurch keine Fragen mehr offenstehen lassen.

So ist beispielsweise unsere Freundin in ihrer menschlichen Vergangenheit durch unterschiedliche Lernprozesse gegangen, die ihr wiederholt ermöglichten, aus sehr verworrenen und – menschlich interpretiert – schwierigen Zuständen in einen zunächst verstandesmäßig neutralen/stillen Raum zu gehen, der keine Resonanzformen von alten Ängsten mehr zulässt, um nun an den Punkt gekommen zu sein, an dem es im menschlichen Sein kein Urteil und keine schlechten Gefühle mehr gibt.

Dadurch entsteht eine Ebene in der Matrix, in der die bereits erlöste, scheinbar schwierige menschliche Erfahrungsform sich energetisch umsetzen kann und sozusagen ein Angebot darstellt, das die Menschen nur in ihr eigenes Leben einladen müssten.

Habt ihr schon einmal versucht, vollkommen wertfrei euren Realitäten oder auch den Realitäten der Außenwelt zu begegnen?

Was meint ihr, würde dann für euch noch übrigbleiben, beziehungsweise inwieweit würde sich eure Identität verändern?

Stellt euch vor, es würde nichts mehr geben, das euch aus dem Gleichgewicht bringt, und hier wollen wir absolut klarstellen, dass wir nicht davon sprechen, dass ihr gefühllos dem Geschehenen gegenüber verharren sollt.

Im Gegenteil! Stellt euch vor, ihr trefft einen Menschen, und alle eure veralteten Wertesysteme sind nicht mehr in der gewohnten Form aktiv.

Das Wertesystem beispielsweise, das ihr euch in dem Gegenüber einen anderen Menschen vorgestellt habt, jemanden, der anders als erwartet aussieht oder vielleicht deutlich jünger oder älter ist als ihr. Einen Menschen, der in euch Gefühle der gleichgesinnten Schwingung auslöst und den ihr als einen bekannten Wegbegleiter empfinden könnt.

In diesem Moment würdet ihr unglaublich schöne und vor allem friedvolle und erfüllende Gefühle von Leben in euch wahrnehmen, eine Sehnsucht aufsteigen spüren, und die Vereinigung eurer Körper in der Sexualität würde eine glückselige und ersehnte, aber auch bekannte Form auslösen.

Der Moment des Erkennens ist ein wahrhaft bedeutsamer Moment für eure genetische Kodierung.

Seid ihr bereit, Menschen in eurem Leben zuzulassen, die vielleicht nicht der mentalen Erwartung entsprechen? Seid ihr bereit, Neues in Empfang zu nehmen, obwohl ihr es in dieser spezifischen Form nicht erwartet hättet? Und was geschieht mit euch nach einer beglückenden Zusammenkunft? Haltet ihr verbissen an diesem Erlebten fest, oder könnt ihr den Partner wieder ziehen lassen?

Ihr Menschen habt die Tendenz, im Moment der Glückseligkeit sofort auf gewohnte Modalitäten und Prägungen zu schalten. Und mit dieser Aktivierung der alten Programme verhindert ihr die Weiterführung der beglückenden Momente. Entweder versucht ihr, spezifische Erfahrungen festzuhalten und so etwas wie eine Blaupause darüber zu legen – wie aus Faust: „Moment verweile doch, du bist so schön...“, oder ihr unterdrückt die beglückenden Gefühle durch aufsteigende Ängste, die euch weismachen, dass eine Synergie auf weltlicher Ebene keinen Bestand haben kann und letztendlich immer Verletzung nach sich zieht, da ihr in euren Tiefen erfahren habt, dass jeder Mensch sich selbst durch das Leben schlagen muss und ihr vor allem noch keinem Menschen begegnet seid, der euch die erlöste Form von Liebe gezeigt hat.

Liebe, die erwartet, zieht immer Verletzung nach sich, da die erwartende Liebe unerlöst ist und nur gibt, um empfangen zu können. Das ist die Liebe, die schenkt, um die eigene, nicht spürbare Liebe zu kompensieren. So seid ihr zu Hilfesuchenden geworden anstatt zu mündigen, kraftvollen, energetischen Menschen. Genauso glaubt ihr, einer weltlichen Form ausgeliefert zu sein und tagtäglich um euer Überleben kämpfen zu müssen.

Aus diesem Grund sind auch die partnerschaftlichen Beziehungen in eurer Welt so schwierig, da sich immer zwei Menschen, die dem Ertrinken nahe sind, aneinanderklammern oder versuchen, die Tatsache, dass sie am Ertrinken sind, zu übergehen und zu ignorieren und so tun, als ob sie jeder Situation gewachsen und generell nicht auf andere Menschen angewiesen sind.

Hier sprechen wir nicht von einem Eremiten, der sich in seinem Alleinsein (All-Ein-Sein) befindet, sondern wir sprechen von dem „normalen Menschen in seiner normalen Welt und seiner normalen Entwicklung, der sich der alten, niedrig schwingenden Strukturen“ angepasst hat.

Ein weiterer interessanter Punkt ist die menschliche Verhaltensweise, dass ihr euch von Herzen nach dem Kollektiv und damit nach der Verschmelzung sehnt und sie gleichzeitig dennoch nicht eingehen wollt. Ihr sucht nach der Bestätigung des Partners, nach seiner/ihrer Aussage, dass er/sie euch nicht verlassen wird, um euch letztendlich in die Abhängigkeit einer Beziehung und eines schrägen Kompromisses zu begeben.

Oder ihr verschließt euren emotionalen Körper in der Überzeugung, dass ihr alleine doch sehr glücklich wart und niemanden sonst braucht – aus unserer Sicht war das nicht im Ansatz ein Glücklich-Sein, sondern ein angenehmes und dennoch betrügerisches Arrangement mit euch selbst und eurer Welt, um Verletzungen vorzubeugen und gleichzeitig dadurch Leben auszuschließen.

Ein verschlossener emotionaler Körper macht bewusstes Erschaffen in der Materie fast unmöglich.

Und das wird euch durch Entsagungen (beispielsweise immer am Existenzminimum und generell am Minimum der Kapazitäten zu sein) und gefühlte Schwere im Leben vor Augen gehalten.

Wie viel Zeit soll in eurem Leben mit denselben erstarrten und unbewussten Verhaltensweisen noch verstreichen?

Der Mensch ist stetig bemüht, zu gefallen und sucht nach den Worten, die ihm bestätigen, dass er sich zumindest für einen Moment sicher fühlen darf. Wenn ihr dann wiederum auf Abstand gehen müsst, da ihr eurem Leben und euren verstandesmäßigen Vorstellungen gerecht werden wollt, findet spätestens hier die Lüge statt. Die Lüge, die euch die Gefühle verbietet oder euch in die Abhängigkeit zum Partner/zur Partnerin treibt.

Wie auch in vielen anderen Lebensbereichen sind die Menschen aufgerufen, umzudenken und sich neu zu erfinden und zu interpretieren. Das betrifft selbstverständlich nicht nur zwischenmenschliche Beziehungen, sondern alle menschlichen Bereiche, die durch die Vorstellungen des Verstandes geführt sind.

Wir erinnern euch an dieser Stelle wiederum an die kosmischen Gesetzmäßigkeiten, die in diesem Konsens das Gesetz der Entsprechung aufrufen: Wie außen, so innen! Und die Entsprechung weist wieder darauf hin, dass ihr euch in eurer wahrnehmbaren Realität spiegelt und dadurch die Möglichkeit habt, eure unerlösten Aspekte zu erkennen. Wichtig ist es hierbei, im Moment zu verweilen und nicht aufgrund vergangener Erlebnisse eure momentanen Handlungen zu rechtfertigen, sondern den Mut zu haben, Leben neu zu interpretieren und die Angst zu konfrontieren.

Ihr werdet feststellen, dass wir verschiedene Inhalte wiederholen, da sie von den unterschiedlichsten Ebenen ihre

Auswirkung auf die menschlich alten Strukturen haben. In der Wiederholung einiger Sachverhalte und Kontexte gibt es die Möglichkeit, Aussagen wirken zu lassen und den energetischen Körper an der Basis der menschlichen Problematik zu erreichen. Damit erhöhen wir die Wahrscheinlichkeit für den Leser und den Menschen generell – durch die Matrix –, seine Felder in das Verstehen zu bringen und offen zu sein für neue Erfahrungsformen.

Mutter Erde:

Was ihr momentan noch erblicken könnt, ist mein Mantel. Ich habe bereits meine veraltete energetische Ausrichtung abgestreift, erscheine euch aber dennoch in der Projektion der euch gewohnten Form und Realität. Diese wird euch so lange dienen, bis der letzte Mensch und das letzte Lebewesen meinen Mantel verlassen hat.

Ich bin bereits im Nullpunkt angekommen. Ich befinde mich in Schwingungsebenen, die mir erlauben, das Alte zu verlassen und die bekannten Formen zu verwandeln. Dennoch wissen nur mein Bewusstsein und meine Seelenform um die Erneuerung.

Ich werde den Geschöpfen auf mir bis zuletzt dienen und bin bereit, in diesem Aspekt euren Wünschen zu entsprechen.

Meine Erfahrungsform in den alten Strukturen ist jedoch bereits befreit. Ich werde dadurch nicht erneut in die Versenkung gehen, und meine Kodierung wird nicht erlöschen. All dieses Anstehende wird mich nicht mehr in Unwissenheit und Schmerz bringen, sondern ich bin bereits erlöst durch den Entschluss, Leben in meiner Form fortzuführen.

Thoth:

Was ist die Liebe in eurem Leben? Was bedeutet sie? Jeder Mensch sucht sie, und doch seid ihr niemals wirklich glücklich, sie zu empfinden. Zwischenmenschliche Partnerschaften sind in euren Verhaltensweisen und Wahrnehmungsformen auf ein Minimum reduziert. Was bedeutet denn in eurer Welt, „zusammen oder verheiratet zu sein“?

Aus unserer Sicht ist dies spätestens nach einigen Jahren ein Zustand geworden, in dem die Partner versuchen, sich gegenseitig bestenfalls das materielle und soziale Leben zu erleichtern und im Grunde nur abhängig voneinander sind.

Manche Menschen ziehen es vor, in einem Zustand zu leben, in dem einer von beiden Partnern der machtvollere Teil (Täter) und der andere Partner vermeintlich der unterdrückte Part (Opfer) ist.

Ihr habt fantastische Rollenspiele entwickelt. Man muss sich regelmäßig anrufen, damit man weiß, dass der Partner noch an den anderen denkt. (Wie schön, wenn es stattdessen wahrhaft aus dem Impuls der Liebe geschieht.)

Der eine Part lenkt und leitet das Leben, und der andere Part sonnt sich derweil in Unmündigkeit.

Wir sehen diese Spiele und fragen uns, wie viel weltlich definierte Zeit noch vergehen wird, bis der Mensch erkennt, welche Verantwortungslosigkeit bezüglich seines eigenen Seins er praktiziert und erlebt.

Es stehen wahrhaftig machtvolle Lichter – energetische Strukturen – in einem menschlichen Körper und spielen unentwegt Machtspiele und erproben sich auf leidvollen Wegen. Ein zermürbendes Schauspiel.

Was würdet ihr dazu sagen, wenn euch die weltlichen Filmproduzenten immer nur die gleichen Filme vorsetzen würden?

Filme, in denen es nur und ausschließlich darum geht, sich zu bemitleiden, ohne fähig zu sein, zu erkennen? Die Menschen haben die Wahl, sich in jedem Moment neu zu definieren.

Wir haben euch bereits im letzten Buch mitgeteilt, dass ihr eure Schauspieler so anhimmelt, da sie aufzeigen, dass es möglich ist, unterschiedliche Rollen in nur einem einzigen wahrnehmbaren Leben zu leben. Versucht nun nicht wieder, in eine Rolle zu schlüpfen, sondern genießt, dass ihr euch in diesem Moment bewusst erkennen könnt und nehmt den Augenblick der Freiheit mit Bewusstsein an.

Es wird leider nur diesen Moment geben, da der nächste Moment von eurem Verstand beherrscht werden wird, der sofort die Frage stellt: „Aber wie soll ich das nun leben? Da müsste ich alles aufgeben, und ich habe keine Idee, wie es dann weitergehen soll..."

Ihr müsstet euch darüber eigentlich nicht wundern, da ihr in diesem Leben noch nicht erfahren habt, wie es funktioniert, in Freiheit zu leben. Hört nun damit auf, in euren alten Kammern nach Antworten zu suchen. Diese alten Kammern beherbergen noch nicht die Schätze des alten weisen Wissens, sondern die alten Kammern, die ihr zu öffnen versucht, sind schlichtweg die Kammern des integrierten weltlichen, menschlichen Bewusstseins und nicht die eures alten Wissens.

Da gibt es beispielsweise die alte Hausfrau, die ihr Leben lang nicht bereit war, für sich Verantwortung zu übernehmen und sich an einem gewissen Punkt in ihrem Leben zu wundern beginnt, warum das Leben an ihr vorbeigezogen ist und sie nicht imstande war, es sich so zu gestalten, wie sie es sich vielleicht ein wenig erhofft hätte. Die lebenslange Ignoranz, Verantwortung für sich zu tragen, und die Hoffnung, dass andere

Menschen ihr Leben schon noch in den Griff bekommen würden – Angst und Unmündigkeit.

Es wird auch in ihrem Umfeld immer Menschen mit entsprechenden Resonanzen geben, und demnach wird sich auch ein Mann einfinden, der durch sein unerlöstes Machtpotenzial die Gabe hat, sich des Lebens der Hausfrau anzunehmen und ihr vorzugeben, wie es sich am besten leben lässt – natürlich auch, um seine eigene Machtgier zu befriedigen.

Wir möchten an dieser Stelle diese Hausfrau liebevoll dazu auffordern, keine weiteren Ansprüche an ihr Umfeld zu stellen, sondern glücklich zu sein, wieder einen Menschen zu haben, der bereit ist, sich ihres Lebens „verantwortlich" anzunehmen. Gleichzeitig möchten wir sie auffordern zu akzeptieren, dass sich ihr Leben vielleicht nicht so zufriedenstellend gestaltet, wie sie es ursprünglich beabsichtigt oder sich vorgestellt hatte.

Es wäre verantwortungsvoll, auch dann zufrieden mit diesen Kreationen zu sein und nicht stattdessen zu versuchen, Schuldige für das eigene Versagen im Äußeren zu finden.

Es gibt sie nicht – **keinen Einzigen!**

Nur **ihr selbst** tragt die Verantwortung der Entscheidungen für und in eurem Leben.

Zu zweit lebt es sich da manchmal leichter. Da kann Mann/Frau ja die Schuld immer dem **anderen** geben – das scheint menschliche Glückseligkeit zu sein oder zumindest das Ertragen der Unmündigkeit in dem Respekt vor der eigenen Angst.

Es gibt genügend Bücher, die euch nahebringen, wie lichtvoll ihr Menschen wirklich seid. Wir sehen es in diesem Zusammenhang nicht als unsere Aufgabe, euch weiter mit Lobeshymnen zu preisen, sondern wir wollen euch sagen, dass kein Leser/keine Leserin fortfahren sollte zu lesen, der/die nicht die

Bereitschaft hat, sein/ihr Leben wahrhaft zu verändern und von diesem Moment an davon auszugehen, dass es keinen Schuldigen für die Dramen in seinem/ihrem Leben gibt.

Unsere Freundin ist sich nicht sicher, ob wir so heftig mit euch Lichtern sprechen sollten, doch macht es aus unserer Sicht keinen Sinn, noch auf irgendetwas zu warten. Es existieren bereits genügend Schriften, die versuchen, euch mit Engelszungen auf eure erlösten machtvollen Aspekte zu verweisen – wir bevorzugen die bekannte menschliche Form: Klarheit und in aller Deutlichkeit Wahrheiten auszusprechen.

Wir wollen nun noch auf das oben angesprochene Thema der Gerechtigkeit und der diesbezüglichen Rechtsprechung in euren Realitäten kommen.

Es gibt Menschen, die glauben, dass sie sich besser fühlen würden, wenn sie endlich einen Schuldigen gefunden hätten, oder vielmehr, wenn sie erfolgreich einem anderen Menschen das Leben erschweren könnten, um dann sagen zu können, dass der Schuldige für das Dilemma gefunden worden ist und man selbst nur das Opfer darstellte. Die Rechtfertigung für das Verweilen in der Unmündigkeit und in der Angst, sich zu erkennen.

Welche spezielle und schöne Aufgabe ist es doch zu erkennen, dass kein anderer Mensch euch jemals das Leben schwer machen kann. Nur die Wertigkeit darin, etwas als schwierig oder schwer zu betrachten, raubt euch Energie.

Auf dieser Welt gibt es Unmassen von Energieräubern! Parasitenähnliche Zustände herrschen noch auf Mutter Erde, und ihr gebt diesen Parasiten Macht über eure Gefühle und damit über eure Energien. Es ist eure Entscheidung, ob sie sich durch euch nähren dürfen oder nicht.

Wir wollen noch einmal zu unserer unmündigen, angsterfüllten Hausfrau zurückkommen, wobei wir dringend davon Abstand nehmen, eine allgemeine Wertung über Hausfrauen abzugeben; sie ist hier nur ein vereinzeltes Beispiel unserer vielfältigen Beobachtungen. Die von uns skizzierte Hausfrau hat sich beispielsweise seit langer Zeit darauf eingestellt, Energie von ihrer Umwelt zu nehmen, um sich nicht mit sich und ihren Ängsten konfrontieren zu müssen.

Da sie nicht den Mut empfindet, ihre Fähigkeiten und ihr Licht zu leben, versucht sie sich lieb Kind zu machen durch ihre scheinbar guten Taten im Äußeren, heftet sich an unterschiedliche Menschen und saugt dabei Energie aus ihrem Umfeld ab.

Von energetischer Warte ist dies ein verhältnismäßig harmloser und alltäglicher Umgang in den menschlichen Strukturen, und es existieren wesentlich extremere Szenarien bezüglich Energieräubern.

Die Hausfrau hat sich hierbei entsprechende Glaubenssysteme zurechtgelegt, die ihr die Legitimation erteilen, sich genauso zu verhalten – und, noch deutlicher: Durch diese Strukturen scheint sie ausgeliefert zu sein und unfähig, sich in diesen Strukturen zu reflektieren oder sich gar weiterzuentwickeln.

Sie ist das Opfer und muss sich ihrem Schicksal ergeben, das ihr durch andere Menschen auferlegt wurde.

Ihr alle kennt diese Ausreden und die letztlich wahren Hintergründe, das „Selbst" zu ignorieren.

Ein anderes verbreitetes Phänomen ist beispielsweise ein Mensch, der sich seit längerer Zeit nach der Liebe einer anderen spezifischen Person sehnt, diese Liebe aber von der/dem Angebeteten nicht erwidert wird.

Dieser Mensch versucht erst durch unendlich viele Strategien, die Liebe in seinem Gegenüber zu entflammen, bevor er/

sie in eine Machtposition wechselt, um erhört zu werden oder ihn/sie letztlich aus der eigenen Verletzung heraus zu bestrafen.

Diese Menschen gehen vereinzelt so weit, dass sie versuchen, anderen geliebten Mitmenschen den Zugang zu der angebeteten Person zu verweigern, damit diese nicht etwas bekommen könnten, wonach sie sich selbst so sehr sehnen.

Menschen haben schlicht nicht die Tendenz, Probleme/Leid zu hinterfragen/zu reflektieren und damit eine Möglichkeit zu schaffen, blockierte Felder zu lösen, sondern sie erwarten die Erlösung der Situation von außen. Und darin seid ihr Meister! Der Mensch betrachtet sein Umfeld und versucht, es sich nach den Vorstellungen des Verstandes zurechtzuschieben – wie auf einem Schachbrett –, er schiebt die Figuren herum und versucht letzten Endes, das Match für sich zu entscheiden. Er ist es gewohnt, dabei Opfer zu bringen und sich unter Umständen auch selbst zu opfern.

Die Konsequenz aus unserer Warte wäre jedoch, dass er sich dabei nicht mehr über die aktive Realität beschwert, wenn er/sie es doch so leben möchte.

Jeder Stratege muss auch Niederlagen einstecken. Das hat die menschlich irdische Vergangenheit jahrtausendelang aufgezeigt.

Nachdem wir nun energetisch stark in weltliche Alltäglichkeiten und Mechanismen vorgedrungen sind, gehen wir nun wieder auf die Ebene, die euch glaubhaft macht, dass ihr geborgen und geliebt seid.

Jeder Mensch wird immer geliebt!

Keine polarisierte Liebe, die *reine* Liebe ist dem Menschen in jedem Moment zuteil. In eurer Angst und Stagnation sowie in eurem Aufstieg und der Erlösung.

Die Schöpfung ist Liebe, und der Mensch ist Schöpfung – somit existieren Angst und Unwissenheit in der irdischen Definition, jedoch nicht Urteil und Isolation – das ist eine Erfindung des Menschen.

Noch einmal zu Gerechtigkeit und Wahnsinn: Gibt es in eurer Welt Gerechtigkeit, oder ist alles „gerecht", was in euren Realitäten geschieht?

Die subjektive Verstandesauffassung kann nicht über „Gerechtigkeit" entscheiden, sondern letztlich geht es um die zu erfahrende Form der Gerechtigkeit, die sich der Mensch aus energetischer Sicht und bezüglich seiner Fähigkeit, bewusst wahrnehmen zu können, ausgewählt hat.

Was bedeutet „Gerechtigkeit" von menschlicher Warte und damit bei den Gerichten in eurer Welt? Hier sitzen Richter, die in ihrer Wahrnehmung selbst noch unerlöst sind und dennoch die Macht besitzen, unter anderem lebenslange Urteile über andere Menschen auszusprechen, die nicht fähig waren, sich in einer bewussten Form zu entdecken.

Einerseits kommt die Frage auf, was nun „in Ordnung" ist und was nicht, und andererseits ist aus energetischer Sicht nichts dem Zufall überlassen.

Alle weltlichen alten Formen haben eine Berechtigung, da sie Erfahrungen in sich tragen, die zu gegebener Zeit, und damit in eurer gerechneten Vergangenheit, so gewählt und als Seins-Erfahrung integriert wurden.

Alles zu jeder Zeit hat einen energetischen Hintergrund, und es ist irrelevant, verstandesmäßig nach dem Sinn und Zweck der Erfahrung zu fragen: Die jeweiligen Erfahrungen können zu dem Zeitpunkt der unbewussten Wahrnehmung keine Erklärung für den Verstand geben, und somit ist es sinnvoll, sie nicht weiter zu hinterfragen, sondern die Kraft aufzuwenden, sich in der jeweiligen Erfahrung zu erkennen.

Damit werden plötzlich viele Fragen beantwortet, da der Mensch davon ausgehen kann, dass wirklich jede Erfahrung sinnvoll ist, um sich selbst zu erkennen – wobei wir wieder an den Punkt zurückkehren, dass es in der lichtvollen Macht des Einzelnen liegt, Realität und somit Erfahrung zu verändern.

Falls ihr in ein weltliches Schauspiel verwickelt werdet, bei dem ihr beispielsweise vor euren weltlichen Gerichten erscheinen müsst, dann orientiert euch an eurem Herzen und nehmt offen und bereit die Demonstration des Vorgangs für euch entgegen. Seht, was mit euch geschieht und welche Herausforderung diese Form der Begegnung euch bringen wird.

Selbst unter dem noch dominanten Regime der alten Matrix werdet ihr lernen, dass auch Lügen und Gewalt mit Liebe und Erwachen verbunden sind.

Der wahrhaft lichtvolle Mensch wird kein Urteil mehr über seine Mitmenschen empfinden, sondern tiefe Liebe und Verzeihung aus sich heraus leben können. Versucht jedoch nicht zu glauben, dass dieselbe Bereitschaft in eurem Gegenüber vorhanden sein muss.

Die weltlichen Gerichte sind noch so lange von Bestand, bis der Mensch verstanden hat, dass er selbst für seine Erlebnisse und Realitäten verantwortlich ist. Dann können Machtmissbrauch und Kampf beendet werden.

Was bedeutet nun Gerechtigkeit in der irdischen Erfahrung?

Gerechtigkeit in der weltlichen Ebene kann nur einen Bezugspunkt zu den Regeln und Gesetzen haben, die ein Staat erstellt hat.

Warum wurden nun diese Gesetze in der Form erstellt?

Die Gesetze gibt es, damit schlafende Wesenheiten ihren Weg gedeutet bekommen. Das heißt, dem unmündigen Bürger wird somit ein Anhaltspunkt für sein Leben gegeben. Das sind von unserer Warte relativ praktische Erfindungen und geben jedem Bürger eine verhältnismäßig klare Sichtweise auf sein eigenes Verhalten.

Die Frage, die hieraus resultiert, ist wiederum, warum der Mensch unmündig und unfrei sein möchte. Die Gesetze wurden auf der Grundlage erstellt, dem Menschen einen sozialen und praktischen Leitfaden zu geben – zumindest einige dieser staatlichen Gesetze.

Damit bleibt letztlich die eigene Lüge. Der Mensch liebt es, sich selbst zu belügen und jede noch so schlechte Tat zu rechtfertigen. Somit muss ein weltliches Gericht für Ordnung sorgen und dem Menschen die Ebene klarmachen, auf der er/sie sich befindet.

Gerechtigkeit ist immer subjektiv und versucht, nach den momentan sichtbaren Möglichkeiten zu entscheiden.

Wie in dem Kapitel „Nullpunkt“ erklärt, existieren die menschlichen Gefühle in den Polaritäten unter dem Regime der Dualität. Somit gibt es nur Gerechtigkeit in einem Leben der Dualität. Denn wo kein „Gut“ existiert, gibt es auch kein „Böse“. Und damit ist Gerechtigkeit im erlösten Zustand überflüssig geworden, da sich die Polaritäten zu reinem Sein verschmelzen. Im reinen Sein gibt es kein Urteil und keine Verurteilung, sondern nur das „Ist“. Und dieses „Ist“ beinhaltet keine Wertigkeiten und keine Urteile und stellt nichts infrage.

Das werdet ihr zwangsläufig erfahren, da der energetische Weg der Erde in dieses Zentrum des allgegenwärtigen „Ist“ führt und dort keine Fragen mehr stellt. Alles ist vereint, und damit ist nichts ausgeschlossen. Und wenn nichts ausgeschlossen ist, gibt es keine Gerechtigkeit und folglich auch keine Ungerechtigkeit. Es ist wie pure Entspannung für euch Lichter, da ihr nun in bekannte Gebiete aufbrecht.

Es ist wie Heimsegeln von einem stürmischen Ausflug, der euch noch nicht wissen lässt, dass ihr nach diesem heftigen Sturm noch am Leben sein werdet.

Vermeintliche Gerechtigkeit, gesprochen aufgrund der sozialen Zusammenhänge und Verständnisse einer Mischung der mentalen und emotionalen Aspekte, wiederum vermischt mit den Glaubenssystemen und den versuchten fortschrittlichen Denkensweisen alter Überlieferungen... Könnt ihr erkennen, was wir euch zu erklären versuchen?

Ihr habt gelernt, euch in Seenot zurechtzufinden unter den Aspekten des Erlernten und dem, was euch geraten oder erzählt wurde, und ihr segelt nun um euer Überleben, ohne verstanden zu haben, dass überall und gleichzeitig Leben existiert.

Ihr werdet nun aus einer zeitlichen Ebene verabschiedet, die euch im Nachhinein wie ein Spielplatz für Kinder vorkommen wird. Ihr kämpft gegen Schatten und wisst nicht darum, dass ihr der Schatten seid.

Aber das wird kommen – diese Zeit ist angebrochen, und ihr Lichter seid kurz davor, hell genug zu erleuchten, um euch in dem Schatten zu erkennen und zu verstehen, dass Schatten nur existiert, da die Gegenwart des Lichts zu schwach war oder gar fehlte. Der Schatten zeigt auf, dass ihr die Dualität lebt, da Schatten die Kontra-Polarität zum Licht bildet, und in der reinen „IST“ Form ist die Illusion des Schattens erkannt.

So lange ihr gegen andere Menschen ankämpft, werdet ihr euch verlieren. Tief in euch werdet ihr Verletzungen wahrnehmen und weiter versuchen, unter den Menschen einen Schuldigen zu finden. Aber eure Suche ist endlos, da ihr der Letzte in der Reihe sein werdet, den ihr unter den Schuldigen vermutet, und bevor ihr noch den Mut gefunden habt, den Schuldigen bei euch auszumachen, werdet ihr vergangen sein.

„Kennst du das Skelett hinter dem Busch? Der hat beim Versteckspiel gewonnen!“

Dieser Zyklus von Schuldzuweisungen wird euch das wahrhaftige Leben nehmen.

Versteht, dass es nur das Leben im Augenblick im Hier und Jetzt gibt. Nur das „ICH BIN“ ist für immer am Leben, ohne zu vergehen.

Wenn ihr euch in eine Schuldzuweisung oder in ein Kompensationsgefühl gegenüber einem anderen Menschen begebt, werdet ihr das „ICH BIN“ vergessen. Es ist dann in eurem wahrnehmbaren Sein schlicht nicht existent. Also versucht, das Leben zu erfühlen und sucht die Ursache für jeden Mangel und jede Unzufriedenheit in euch selbst. Denn die Existenz des reinen Geistes kann euch erklären, warum ihr so empfindet.

Wenn ihr nicht fähig seid, eure Nächsten wertfrei zu lieben, werdet ihr nicht in den Aufstieg gehen – zumindest nicht mit einem bewussten Sein. Und das wäre aus der Sicht eurer Erfahrungssuche und der Matrix in der Zeit/Raum Komponente pure Verschwendung an euch oder, energetisch gesehen, einfach nur eine aufgeschobene Erfahrung.

Die Schöpfung sucht keinen Schuldigen, sondern nur Auserwählte. Auserwählte, die sich dem Gedanken Gottes hingeben und um ihre Anwesenheit in der unendlichen Form des Seins und der Liebe wissen.

Gerechtigkeit ist eine Komponente der Dualität und wird mit dem Christusbewusstsein erlöst. Denn in der reinen Liebe zum Nächsten, und somit zu dir, braucht es kein Verstehen der Gerechtigkeit mehr.

Wo immer du von deinen Mitmenschen beschuldigt oder ausgebeutet wirst, bleib in deiner Wahrheit zu deinem Sein und wisse in jedem Moment um die Liebe zu deinem Nächsten.

„Denn dein ist die Kraft und die Herrlichkeit in Ewigkeit.

Amen!"

Nun werden wir noch das Thema der reinen Liebe in zwischenmenschlichen Beziehungen betrachten:

Nehmt euch nicht die Möglichkeit, euch zu erkennen, nur weil ihr es vorzieht, euch in einer liebenden Person zu verlieren.

Die Liebe in eurer weltlichen Form ist ein Gefühl – oder, wie es schon Menschen beschrieben haben – ein Zustand, der jedoch vielen Missverständnissen unterliegt.

„Zustand" bedeutet hier: Ein neutraler Boden, etwas, das einfach existiert, ohne Fragen zu stellen oder Vorstellungen zu äußern. Dann ist die Definition des Zustands in Ordnung.

Die Liebe ist eine Seinsform, die niemals infrage stellt. Liebe in der erlösten Form **ist** und hat keine Form von Gegenpolarität. Oft allerdings werden in der menschlichen Interpretation in Verbindung mit dem Wort „Zustand" Gefühle weitestgehend ausgeschlossen. Das ist aus unserer Sicht nicht stimmig.

Ihr dürft selbstverständlich nicht erwarten, dass Liebe in der erlösten Form noch eure schwankende Emotionalität mit sich bringt, dennoch aber Emotion. Unter dem Wort Emotion verstehen wir das Wissen eines Gefühls, einer Seinsform, die Leben als ihre Natur empfindet und um sich und „Alles-was-ist" weiß. Diese Emotion „ist" und stellt nichts infrage. Sie kann sich in

„Allem-was-ist“ erkennen und sucht nicht nach Identitäten. Sie unterscheidet und wertet nicht und weiß um den großen Plan und den schöpferischen Zusammenhang. Auch ist das „Sein“ unendlich und verharrt nicht an einer Stelle.

Das „Ich“ in der Emotion kann sich ausdehnen und sich neu erfinden, da es keine polarisierte Form des „Ichs“ in der Form der Persönlichkeit sucht.

Erlöste Liebe ist eine Seinsform der Existenz!

Manche Menschen glauben, Liebe, definiert als Zustand, sei eine Form, die ihnen mehr Sicherheit gibt, da ihnen „Zustände“ allgemein das Gefühl vermitteln, in einer festeren Form angekommen zu sein, die ihnen nicht mehr das Gefühl von Ausgeliefert-Sein geben wird. Dabei habt ihr aber außer Acht gelassen, dass ihr multidimensional seid und der Aufstieg erst begonnen hat.

Liebe wächst, Erkenntnis wächst, und Zustände bleiben konstant. Versucht euch in der Form eines Aspektes zu sehen und erkennt das Sein in diesem Aspekt. Lasst dann die Transformation in nächsten Aspekten zu und versteht, dass Leben unendlich ist. Es „ist“ und hat keine Grenzen und gedachte Formen.

Leben ist wie eine Blase, die sich durch den Wind tragen lässt. Sie streift dabei Blüten und Blumen, Wiesen und Felder, Bäume und Sträucher, auch Kinder und Menschen; sie lässt sich auf dem Fluss oder in einem Bachlauf nieder und wird mit der Strömung des Flusses getragen, bis sie sich wieder aus dem Wasser löst und in die Lüfte steigt. Diese Blase ist immer in einem Moment an einem Platz und entfernt sich wieder, so, wie es der große Plan vorgibt. Sie hat keine Erwartung oder Absicht. Sie „ist“ und weiß, dass sie mitten im Leben ist. In jedem Moment, ohne zu unterscheiden, welcher Aufenthaltsort richtiger oder besser war. Alles bedeutet Leben und gibt in sich eine runde Sache – ein unendlich getragenes Gefühl, das allein den Gesetzen der Schöpfung unterliegt. Alles „ist“ und macht keinen Unterschied – so auch die Orte, an denen die Blase vorbeigetragen wird.

Nun stellt sich bei euch die Frage, was passieren wird, wenn die Blase platzt. Was meint ihr? Ist dann die Existenz der Blase erloschen?

Aus unserer Sicht ist sie nur in andere Seinsformen transformiert und bereit, sich neu zu definieren.

So ist das mit dem Leben. Es endet niemals. Es kommt bloß seinem Ende nahe, wenn es ausgeschlossen wird, so, wie die meisten Menschen es tun.

Sie schließen Leben aus, haben Angst davor, ihre Schatten zu erkennen, machen andere für ihre Schatten verantwortlich oder versuchen, sich in dem Licht anderer Menschen zu definieren, da sie es nie geschafft haben, eine eigene Form und Identität zu bekommen.

Sie laufen vor sich weg und versuchen, andere Menschen für ihr Schicksal verantwortlich zu machen.

Das Schöne auf Mutter Erde ist, dass ihr Menschen wirklich selbst bestimmen könnt, ob ihr Schöpfung sein wollt oder nicht. Ihr könnt eure Zeit selbst bestimmen, und somit ist es euch überlassen, ein parasitenähnliches Verhalten an den Tag zu legen und anderen Menschen Energien zu rauben, meistens in der stillen Hoffnung, dass sie am Ende des Tages noch genug Energie mobilisieren, um wenigstens für euch weiter existieren zu können. Wenn nicht, dann müsstet ihr ein neues Opfer finden.

Aber wenn ihr euch entdeckt fühlt und aufgefordert seid, denjenigen zu verlassen, dem ihr die Energie raubt, dann versucht ihr, den Menschen zu hassen und ihn schuldig zu erklären, da ihr es nicht aushalten könnt, entdeckt worden zu sein.

Es ist nicht weiter verwunderlich, dass euch auf der Erde immer mehr Parasiten zur Last fallen. In einigen Ländern sind es Zecken oder andere Insekten, es sind aber auch Bakterien oder noch völlig neue Mikroorganismen, die euch das Leben erschweren (und dabei entsteht nur eine geringe Menge der Parasiten aus Laborversuchen oder sind Resultate der unersättlichen Experimentierfreude der Menschen).

Diese vermehrt existierenden Parasiten sind die Projektion des menschlichen Handelns und Denkens. Auch Menschen benehmen sich oft wie die Parasiten und Energieräuber – im Großen wie im Kleinen.

Und ihr werdet bemerken, dass es immer weniger Menschen geben wird, die mit Angst oder Empfindlichkeiten auf diese Parasiten reagieren.

Einerseits gibt es hier den bemerkenswerten Mechanismus, dass der Mensch sich, bevor er sich machtlos ergeben muss, mit einer Situation arrangiert, um seinen Fortbestand zu retten:

der Selbstkorrekturmechanismus!

Es ist ein Mechanismus, der einsetzt, wenn beispielsweise durch unbewusstes Handeln und Denken von Menschen Situationen und Umstände erschaffen werden, die den Fortbestand des Menschen oder eines Lebewesens, das noch nicht die Bereitschaft hat – oder bei dem es auch nicht im Programm vorgesehen ist –, sich von der irdischen Ebene vollkommen zu verabschieden. Das bedeutet, es ist ein Mechanismus, der vorsieht, dass das Experiment Leben in der irdischen Form nicht vergehen kann, so lange es von dem großen Plan nicht vorgesehen ist, dass es sich vollends verabschiedet – in diesem spezifischen Aspekt vom Leben.

In dem Fall, dass der Mensch beispielsweise durch seine Bewusstlosigkeit ein solches Massensterben inszenieren würde, hat die Schöpfung diesen Selbstkorrekturmechanismus vorgesehen – an einem gegebenen Punkt des unbewussten Handelns tritt der Mechanismus in Kraft und beugt somit unendlich großem Schaden vor.

Es ist letztlich ein Mechanismus, der den freien Willen des Menschen vorsieht, ihn aber zurechtrückt oder zurückversetzt, falls der freie Wille des Menschen programmierte Schöpfungsprozesse sabotiert oder sogar zerstören würde.

Das ist ähnlich den menschlichen Schutzengeln, die eingreifen, wenn der Mensch aus Bewusstlosigkeit seinem physischen Leben ein Ende bereiten wollen würde oder sich beispielsweise in Umstände bringen könnte, die sein Programm von Grund auf in der Umsetzung zu stark oder auch sabotierend beeinflussen würden.

Daraus ist wiederum zu schließen, dass der Mensch sich im Grunde nicht in Sorgen verstricken müsste, da Leben allgemein – im Sinne von Schöpfung – nach Plan verlaufen wird.

Dieser Plan ist aber nicht der verstandesmäßig verabschiedete Plan des mentalen menschlichen Parts, dennoch der einzig gültige.

Aus diesem Grund hilft es nichts, mit dem Leben ins Gericht zu ziehen, denn die Erfahrungsform Menschheit wurde bereits vor dem Verstand erschaffen, und somit hat der Verstand hier rein gar nichts zu melden.

Also, warum durch den Verstand Umwege auftürmen lassen – ihr werdet erkennen, dass es letzten Endes nur sinnlose

Zeitverschwendung war – oder einfach nur eine menschliche Erfahrung.

Es gibt bereits einige Menschen, die aus ihrem tiefsten Wissen heraus erkennen, dass es keine Krankheiten und Parasiten gibt, sondern letztlich nur das Arrangement, diese Erfahrung zu einer gegebenen Zeit anzunehmen.

Wie bereit seid ihr, unabhängig zu leben? Die Abhängigkeit wird von euch mit unendlicher Hingabe gefeiert und findet meistens ihre Anhänger in jeder Lebensform.

Mensch, hab den Mut, frei zu sein und auch anderen Menschen in Freiheit zu begegnen!

Eure Lebenspartner haben meistens sich selbst vergessen und definieren sich durch die äußeren Modalitäten.

Die Erde war ursprünglich der schönste Abenteuerspielplatz, um sich zu erfahren und nicht gemeint als eine Form, von der man Besitz ergreifen muss und in der man seine eigenen Definitionen meistbietend zur Darstellung bringen kann.

Das ist nicht das **Leben!**

Die äußere weltliche Form ist gegenwärtig eine Ablenkung und eine clever gemeinte Definition, um Leben in seiner wahren Form zu meiden. Das weltliche äußere Leben bietet euch die Möglichkeit, euch abzulenken von den tatsächlichen Mechanismen und Lebensformen, die ihr seid.

Was denkt ihr, wofür die Partnerschaften in eurer Welt dienlich sind?

Nicht um beispielsweise Sexualität in der instinktiven tierischen Variante zu erproben, sondern um Sexualität als Vereinigung der körperlichen und energetischen Form zu erleben. Die Sexualität ist eine einzigartige Begegnung in der irdischen Welt und erfährt unter den Menschen so viel Missbrauch und Verluste. Ihr verliert euch bei der Sexualität im Partner und versucht, seinen Interessen zu entsprechen. Ihr bemüht euch, attraktiv und begehrenswert zu sein, anstatt den Partner in seiner momentanen menschlichen Form zu erfühlen. Ihr habt in der Sexualität die Möglichkeit, euch auf den geistigen und seelischen Ebenen zu treffen und unter anderem eine Begegnung in den tiefsten physischen Regionen eurer genetischen Form zu erlauben. Stattdessen ist Sex oft ein reines Ablassen von mentalen oder emotionalen Staus oder eine gewollte Befriedigung animalischer Triebe.

Wie weit geht es euch darum, den Partner zu ehren und ihn zu erkennen? Euch in ihm zu sehen, anstatt euch in ihm zu verlieren?

Sex ist aus unserer Sicht eine Möglichkeit zu erwachen und eure Mechanismen genau zu empfinden. Die meisten Menschen finden sich großartig und befriedigt nach einer guten Nacht mit dem Partner, haben aber meistens nur ihre Egos gefüttert und ihre eigenen Felder erschwert und verdreht.

Fragt euch ehrlich, wie Sex bei euch vonstatten geht. Habt ihr das Gefühl, euch in dem Gegenüber zu sehen und die allumfassende Liebe zu erlauben? Habt ihr die Bereitschaft, euch so zu geben, wie ihr im Moment seid? Habt ihr Hemmungen, den Körper zu genießen, und wollt ihr überhaupt, dass eure Körper so tief miteinander verschmelzen?

Sex ist aus unserer Sicht eine einzigartige irdische Form in der gegenwärtigen Schwingung, um sich in den physischen Zentren so nahe zu kommen, wie es eigentlich sonst nur rein energetisch möglich ist. Eure Zellen tauschen Informationen aus und geben diese Kodierung an euer System bis in die DNA weiter.

Was glaubt ihr, wie unglaublich energetisch verwüstet ihr ausseht, wenn ihr verschiedene Nächte mit unterschiedlichen Partnern ohne weitere tiefe Gefühle verbringt?

Es gab geistige Führer in eurer Welt, die versuchten, den Menschen ihre Begrenzungen und letztlich ihre Befreiung durch die Sexualität zu demonstrieren. Diese Führer waren sich im Klaren darüber, dass sich die energetischen Felder in der Sexualität verbinden und starke Prägungen formen. Sie hatten dabei nicht die Absicht, euch quasi von euch selbst zu entfremden, indem ihr Orgien feiert. Weit entfernt!

Sie wollten euch zeigen, wie erlösend die Sexualität sein kann, wenn ihr Menschen den Mut habt, aus der normalen Vorstellung vom Sex entfesselt zu werden und Sex als eine Form der Göttlichkeit zu betrachten. Wenn ihr in dieser Form Bewusstsein erlangt, seht ihr plötzlich nicht mehr die Notwendigkeit des Geliebt-Werdens und des Gefallen-Wollens, sondern ihr könnt erkennen, dass ihr in dem Moment des Verschmelzens mit dem Partner unendlich existiert. Dieser Moment ist gepaart mit dem Einverständnis des Erkennens, da ihr plötzlich in eurem Partner genauso präsent werdet wie in eurem eigenen Empfinden. Ihr versteht mit einem Mal, dass es keine Unterscheidung zwischen der Liebe zum Selbst durch euren physischen Aspekt oder durch die Gegenwart des Partners gibt.

Raum und Zeit heben sich auf, und ihr erfahrt eine Form des Schwebezustands zwischen bekannten und bislang normalen Ebenen. Es ist wahrhaft so, als ob sich alles in einem Moment verändert, da die Definition in der bekannten Form ihre Struktur und Festigkeit verliert.

Diese Form der Verschmelzung gibt euch eine intensive Demonstration bezüglich eurer wahrhaftigen Natur und Macht. Ihr werdet in der Verschmelzung mit dem Partner erfahren, dass ihr euch aus den fest definierten Formen löst und frei durch seinen/ihren Körper fließt, so, als ob euer gewohntes Gefährt keine Grenzen mehr aufweisen würde. Sexualität in der Erfahrung der feinstofflichsten und der urteilsfreisten Form lässt keine Illusion von Begrenzung aller Art mehr zu.

Stellt dir vor, du triffst einen dir fremden Menschen:

Er/sie ist von seinem/ihrem Äußeren anders, als du (dein Ego) es dir vorgestellt hast. Du fühlst dich jedoch extrem angezogen von deinem Gegenüber und erlaubst einfach den weiteren Prozess.

Du lehnst dich an, lässt dich fallen und gehst mit deinen Gefühlen mit. Kein Verstand, kein Ego oder mentales Konstrukt weisen dir länger den Weg.

Du spürst seine/ihre Bewegungen und merkst, wie dein Körper mit all seinen/ihren Zellen in Resonanz geht, du lässt dich auf seine/ihre Form ein und gehst mit den Bewegungen, die du erfährst, mit, während sich dein Körper bewegt und du deine eigenen Bewegungen genauso wahrnimmst wie die deines Partners.

Keine Gedanken durchkreuzen deinen Kopf, keine lärmenden Glaubenssysteme hindern dich, dich ganz mit ihm/ihr zu spüren. Du weißt nicht mehr, ob du es bist oder ob du dich in deinem Partner gefunden hast. Gleichzeitig überschreitest du die Begrenzungen des menschlichen personifizierten „Ichs“ und bist wie in einer gesamten Bewegung und fühlst den Herzschlag von beiden Körpern. Es gibt keine irdischen Bestandsaufnahmen mehr, sondern nur die Verschmelzung der Zellen und das Wiedererkennen auf energetischer Ebene.

Du hast die menschlichen Barrieren überschritten und weißt, dass es die Liebe in dir und in jeder anderen Form gibt. Nicht primär die Körper haben Sex, sondern das Sein verschmilzt mit sich in einer Schwingung, die höchste Glückseligkeit ermöglicht. Du spürst immer intensiver seine/ihre Gegenwart, während eure Körper sich suchen. Die Vereinigung der Körper wird nur noch geführt von einer höheren Instanz. Nicht die körperliche Befriedigung steht länger im Vordergrund, sondern das Erkennen des eigenen Seins im Partner.

Dies bringt dich in höhere Schwingungsebenen, und du spürst nur noch, wie sich alles in dir getragen fühlt. Du bist jetzt bereit, dich in die höchsten Ebenen deines Erfahrens tragen zu lassen und öffnest dich, während dein Körper Licht und allgegenwärtige Liebe aufnimmt. Auch deine Zellen füllen sich mit Licht, da Wissen reaktiviert wird. Dieses Licht wird immer bleiben, da du es in dir erfahren konntest.

Wenn du langsam aus diesen Ebenen zurückkehrst, wirst du nicht mehr das Verlangen haben zu fragen, ob du vom Partner begehrt oder geliebt wirst. Du weißt nun um die menschliche Instanz und die begrenzte Form der Liebe, da du soeben Sein in der höchsten Instanz zu dir und deinem physischen Körper zurückgebracht hast. Nichts wird dich und ihn/sie mehr trennen, da du um die unendliche Verbindung in „Allem-was-ist" weißt. Und mit diesem Moment kannst du wählen, frei zu sein und loszulassen, da du für immer darum weißt, dass du überall bist und jeder Mensch ist wie du. Götter im menschlichen Gewand auf einer Reise in das Erkennen!

So sei es.

Was ist somit eure Identität? Aus unserer Sicht ist die Identität eines Menschen ein Vehikel, um sich in einer bestimmten Form zu definieren. Dennoch macht jede Definition klein und machtlos, da sie nur Aspekte eines Großen Ganzen und Göttlichen darstellen kann. Aber ist es euch Menschen möglich, ohne Identität zu leben?

Erstrebenswert ist es aus unserer Sicht, da durch Vorstellungen bezüglich Identität Anpassung an Gesellschaftsnormen geschieht.

Ihr Menschen habt immer eine Begründung für die unglaublichsten Begrenzungen und verharrt damit auf einer stagnierenden Ebene. Aber wir wollen euch das nicht ausreden, sondern sind einfach überzeugt, dass irgendeine Instanz in euch Veränderung und Bewusstwerdung anstrebt, sonst hättet ihr dieses Buch nicht mehr in euren Händen.

Es ist nicht erforderlich, die Realität seiner Mitmenschen zu verstehen – es ist euch sowieso nicht möglich, da die Erfahrungsform gegenwärtig noch unter der Matrix aus dem Glauben der Isolation und dadurch von subjektiv empfundenen Realitäten stattfindet.

Der Mensch kann nur versuchen, seine Mitmenschen zu verstehen, und selbst das ist letztendlich reine Zeitverschwendung, da sich in der Regel weder dadurch die eigene noch die andere Realität verändern lässt, sondern beide Menschen verfallen in wilde Diskussionen, die wiederum nur Energie verschwenden und in dem gegebenen Moment kein Wachstum ermöglichen. Die Einsicht oder das Verstehen der anderen Realität tritt meistens zu Zeitpunkten ein, an denen sich der Mensch nicht weiter bewusst mit den Themen befasst hat.

Die beste Möglichkeit ist es, den kraftraubenden Diskussionen aus dem Weg zu gehen und den betreffenden Menschen mitfühlend ziehen zu lassen. Dadurch wird auch nicht unnötig Energie verschwendet, was dazu führen wird, dass sich das entstandene Problem auf andere Weise als die zuvor erdachte lösen kann.

Probleme sind, energetisch gesehen, nicht existent, sondern die Vorstellung und die Erwartungshaltungen der Menschen erschaffen Probleme. Lässt der Mensch diese Vorstellung los, verschwindet automatisch das Problem. Probleme sind demnach ein reines Produkt des mentalen Verstandesaspekts.

Gibt der Mensch seinen Vorstellungen die Kraft, dann fällt sein energetisches Level drastisch ab, und seine Schwingungsfrequenzen definieren sich in tieferen Regionen. Diese Ebenen versperren den Zugang zum emotionalen Körper, da in diesen Regionen Ängste und Isolation die Realitätswahrnehmung beherrschen.

Nichts kann dem Menschen angetan werden, was er nicht selbst in seine Welt ziehen lässt. Der Mensch ist beschützt und begleitet und muss diese Begleitung aber auch einfordern und sie wollen. Die Begleiter sind vorhanden – der Mensch muss das nötige Wissen darum jedoch integrieren.

Uns ist bewusst, dass unsere Zeilen harter Tobak für die meisten Leserinnen und Leser sind, und doch habt ihr die Entscheidung getroffen, endlich leichter zu werden und nicht immer nur zu hören, dass ihr es eigentlich schon seid.

Es nützt nichts, Wahrheiten zu hören, wenn ihr sie nicht fühlen könnt. Es ist schlicht eine Verfehlung des Themas zu glauben, dass ihr es euch nur oft genug sagen müsst, dann werdet ihr schon Licht werden.

Der Glaube versetzt Berge, aber der Glaube ist kein Glaube, wenn der Mensch dabei nicht genau spürt, was er glaubt.

Dieses Buch wird euch verändern – entscheiden müsst ihr selbst, ob die Zeit schon gekommen ist.

Liebe deinen Nächsten wie dich selbst, und dein Selbst wird die höchste Glückseligkeit erleben.

Fühle dich verletzt von deinem Nächsten, und du wirst dich isolieren, da du vermeiden willst, dich zu spüren.

Entscheide, ob du lieben kannst und willst und hör auf, ständig über deine Verletzungen zu klagen, wenn es um die Liebe geht.

Liebe kann nicht verletzen – das ist nicht möglich –, sondern nur eure Erwartungen und Vorstellungen, wie die Liebe euch gezeigt und mit euch erlebt werden soll, können verletzen.

Ihr habt Angst vor euch selbst und nicht vor dem Partner. Ihr habt Angst vor der Liebe, da sie für euch polarisiert ist. Das ist keine Liebe, sondern ein momentaner vermeintlicher Rettungsanker.

Lernt zu lieben, ohne zu erwarten! Liebt und liebt und liebt – sonst müsst ihr nichts tun.

Ist das nicht wunderbar?

So sei es.

Nachfolgend bieten wir einige einfache Beobachtungsmöglichkeiten an, um die eigene Schwingung zu erhöhen und damit Bewusstsein zu steigern:

- Dienen ist der höchste Aspekt, da bewusst verstanden wurde, dass in jedem Leben Selbst, und damit Gott, existiert – nicht mehr den Anspruch zu vertreten, dass Geben und Nehmen in der Waagschale zu liegen haben –, denn in jedem Geben ist automatisch das Nehmen enthalten.
- Mut, um sich mit Ängsten zu konfrontieren, die einen Schleier über die Wahrnehmung der eigenen Realitäten/des Selbst legen – ich konfrontiere mich mit dem Monster und versuche nicht, daran zu glauben, dass es hoffentlich nicht da sein wird –, denn du weißt, es existiert!
- Bewusstes Wahrnehmen der energetischen Körper, indem die Beobachtung eintritt, in welchem Aspekt Leben definiert

wird – mental oder emotional – und ob du handelst, weil du spürst, nicht, weil du denkst, es könnte...

- Wahrnehmung der sich wiederholenden Muster und Prägungen, indem das Verständnis zugelassen wird, welche eingeengten Situationen wiederholt auftreten.
- Bewusste Abgrenzung im Mitgefühl; wenn du fühlst, dass dir ein Mensch/eine Situation nicht guttut, dann entscheide dich, aus dieser Situation herauszutreten und verfalle nicht ins Urteilen – das Urteil macht dich einsam und isoliert.
- Inwieweit findet unbewusste Übertragung der begrenzten eigenen Realität in die äußere Welt statt? Projektion statt notwendiger Reflexion.
- Welche Motivation kleidet deine Realität aus:
  Lethargie oder Mut zur Reflexion; Schuldzuweisung oder Eingeständnis der eigenen Begrenzung?
  Inwieweit wiederholt sich die Realität und somit die Struktur der Vorfahren – Generationslasten und jahrtausendelange Prägungen erkennen, um bewusst daraus hervorzutreten?
- Isolation oder Mut zur Wahrheit – Wahrhaftigkeit als Grundsatz der Selbsterkennung.
- Resonanzen zeigen die eigene Struktur auf. Inwieweit spiegelst du dich in deinem Umfeld – die Herausforderung einladen, sich in seinem Nächsten zu erkennen.
- Vorstellungen und Erwartungshaltungen oder Hingabe und Freiheit.
- Wiederholung der Räume im Leben. Inwieweit praktizierst du immer die gleiche Vorgehensweise, und wann ist die Bereitschaft vorhanden, Hingabe zu leben?
- Alles irdische Leben ehren und erhalten.
- Bist du in der Klarheit oder verstrickst du dich in vermeintlichen Polaritäten, die zur Dualität werden?

- Lüge oder Wahrheit: Mut, wahrhaftig zu sein.
- Mut zur Aktion, denn die Aktion gibt die Möglichkeit, in eine Reflexion zu gehen.

☆☆☆

Manifestationen der Gedanken und Handlungen im physischen Ausdruck oder, einfach ausgedrückt: Krankheit

In den niedrig schwingenden Gehirnfeldern können sich leicht Tumore einnisten sowie Schlaganfälle und viele andere Krankheitsbilder, da ein energetisch niedrig schwingendes Gehirn keine Mechanismen hat, niedrig schwingenden Formen auszuweichen, sondern es muss sich, wie es vorher im Fall der Resonanzen erklärt wurde, auf diese Schwingungsebene entsprechend einstellen. Das bedeutet, dass ein dunkles und damit niedrig schwingendes Feld immer eine niedrig schwingende Form in der physischen Ebene anziehen wird, und das sind dann in eurer Ausdrucksform zumeist Krankheiten.

Wir möchten jedoch gleichzeitig erwähnen, dass die Heilung von Krankheiten einen bewussten und lichten Ausdruck haben kann; ihr geht dann von einem emotionslosen, dunklen und niedrig schwingendem Zustand – Krankheit – in eine lichte, emotionale und somit hoch schwingende Form über und müsst somit für eure Heilung zwangsläufig Bewusstsein integriert haben.

Falls ihr jedoch versucht, Heilung durch schulmedizinische Maßnahmen zu erlangen, werdet ihr einsehen müssen, dass es nur eine „Vorstellung" von Heilung ist und ihr zwangsläufig, ohne den Hintergrund der Krankheit verstehen zu können, wieder in ähnliche oder auch gleiche Zustände wie zuvor verfallen werdet.

Das ist auch das Phänomen mit euren Heilern. Wenn ihr beispielsweise zu einem philippinischen Heiler reist, um euch einen Gehirntumor entnehmen zu lassen, kann dies bei einigen wirklich erfolgreich sein. Wir wollen damit aussagen, dass es wahrhaft möglich ist, dass ein Heiler euch von diesem Tumor befreien kann. Dennoch wird der Heiler nicht die Fähigkeit besitzen, auch die Ursache dieses Tumors wegzunehmen, da ihm der Eingriff in eure persönliche Entwicklung nicht zusteht. Aus diesem Grund ist es notwendig, die Entfernung des Tumors nicht als allumfassende Heilung anzusehen, sondern das Bewusstsein zu tragen, dass mit der „Wegnahme" des Tumors noch lange nicht die Ursache mit entfernt worden ist.

Wie bereits beschrieben, hat der unbewusste Mensch oder der Mensch, der bereit ist für mehr Bewusstwerdung, die Aufgabe, niedrig schwingende Felder in höher schwingende zu wechseln beziehungsweise Frequenzerhöhung zu leben.

Bei der schlichten „Wegnahme" eines Tumors wird nicht bedacht, dass der Mensch sich in einem Erfahrungsprozess befindet und seine Aufgabe, Bewusstwerdung zu erfahren, ansteht. Das bedeutet hier, dass der Tumor sogar verschwunden ist, aber bei Nichtbeachtung der erforderlichen Reflexion wird der Körper an derselben oder/und einer weiteren Stelle tumorartige Geschehen ansetzen, um wiederum die Möglichkeit der Reflexion zu bieten, die der Mensch zumeist in seinem gesunden Stadium nicht wahrnehmen kann.

Auch möchten wir darauf hinweisen, dass bei einem Menschen, der „nur" einen Gehirntumor aufgrund seiner fahrlässigen Lebensform bekommen hat – wie ständiger Gebrauch des Handys oder schnurloser Telefone, Leben in Ballungsräumen unter dem Regime der Handymasten und das Verbringen vor dem Smartphone oder mit WLAN ausgerüsteten Computern –, die Entfernung eines Gehirntumors tatsächlich längeren Erfolg verzeichnen kann, wenn eben diese fahrlässige Lebensweise gemieden wird und tatsächlich kein Bewusstseinsprozess durch diese Krankheit notwendig war.

Wir möchten deutlich ausdrücken, dass, wenn die Benutzung von Handys und jede Form von schnurloser Kommunikation mit mikrowellenähnlicher Technik stattfindet, diese nachweislich Zellen entarten lässt und früher oder später zu tumorartigen Geschwüren führen muss. Das ist eine Behauptung, die ohne öffentliches Bekenntnis dazu bereits nachgewiesen wurde.

Da es aber ein finanzielles Desaster darstellen würde, diese Technik wieder vom Markt zu nehmen und sowieso laut unterschiedlicher Stimmen zu viele Menschen auf dem Planeten existieren, gibt es doch gar keinen Grund, an dieser „fortschrittlichen Technik" etwas zu verändern. Auch lässt sich mit einem kranken Menschen wieder Geld erwirtschaften, und somit ist die finanzielle Ebene wieder im Kreislauf integriert.

Du hast nur diesen einen Körper in diesem einen bewussten Leben in diesem Moment – überlege gut, was du mit ihm tust.

Die Unmündigkeit des Menschen spiegelt sich auch darin wider, dass er im Krankheitsfall zu einem Arzt geht, um sich Linderung seiner Symptome zu erhoffen. Ist euch schon einmal aufgefallen, wie sinnlos es ist, einen kranken Körper so lange mit Medikamenten zu „behandeln", bis er vermeintlich wieder gesund erscheint? Es gibt auch aus unserer Sicht hilfreiche medikamentöse Präparate, die der Mensch im Krankheitsfall zu sich nehmen kann – dennoch geht es doch darum, zu erkennen, dass Krankheit ein Ausdruck des Mangels und letztendlich hinter jedem physischen Symptom eine energetische Blockade vorzufinden ist.

Wie auch im Krankheitsfall ersichtlich, ist es jedoch so, dass der Mensch seine Unmündigkeit „genießt" und dem Arzt die Macht einräumt, über einen fremden Körper zu bestimmen. Diese im Äußeren verzeichnete Unmündigkeit spielt sich auch im Inneren des Menschen ab: Wie innen, so außen – diese Entsprechung zeigt nur auf, wie hilflos der Mensch letzten Endes

Leben betrachtet und wie ausgeliefert er sich in seinem Aufenthalt auf Mutter Erde fühlt.

Wie kann ein Mensch erwarten, dass ein Arzt die Realität eines kranken Menschen erkennen kann, wenn dieser seine eigene Realität nicht einmal verstanden hat und im kranken Menschen nur nach wissenschaftlichen Methoden versucht, Linderung einer Krankheit zu erwirken?

Wir wollen hier nicht generell die Behandlung durch Ärzte kritisieren, doch wollen wir aufzeigen, dass ein kranker Mensch seine Unmündigkeit präsentiert und einem Arzt das Recht einräumt, mit Medikamenten jeglicher Art zu versuchen, wieder Ordnung in einem System zu erschaffen, dessen Ausdruck in Form von Symptomen es unweigerlich nötig machen würde, den Hintergrund der Erkrankung auf einer tiefen Ebene zu verstehen. So kann Linderung erwirkt werden anstatt die Symptome nur zu unterdrücken.

Die Ärzte werden allzu gerne von euch Menschen mit dem Titel „Halbgötter in Weiß“ versehen, was aufzeigt, dass die Diagnose einer Krankheit und die diesbezügliche Verordnung der Medikamente nicht infrage gestellt wird – „wie soll ich einen Halbgott infrage stellen, so lange ich nur Mensch bin“, und der Halbgott aber gleichzeitig impliziert, dass der nicht göttliche Anteil auch Fehler machen darf – er ist Mensch!

Wir wollen hier die Frage aufwerfen, warum die wissenschaftliche Medizin wohl bis in die gegenwärtige Zeit noch nicht verstanden hat, die Menschen wirklich zu heilen, sondern nur Symptome bekämpft.

Die Menschen waren ursprünglich Wesenheiten hoher Frequenzen und kannten keine Krankheiten, Behinderungen oder das Zerfallen und die Mutation von Zellkörpern.

Die schwingende 12-Strang-DNS war an die göttliche Schwingung angebunden und machte dadurch keine Krankheiten in den physischen Regionen möglich.

Durch die Erprobung der niedrigen Schwingungen und Frequenzen ist der Mensch in Unwissenheit geraten; der größte Anteil der DNS-Stränge wurde umgepolt und ihre eigentliche Schwingung gestört. Dadurch sind sämtliche Funktionen des physischen und selbstverständlich auch des energetischen Körpers auf ein lebensnotwendiges Minimum reduziert, und Leben findet in der einfachsten und gleichzeitig schwierigsten Form statt. Einfach, da der Mensch unmündig ist und glaubt, ausgeliefert zu sein – somit ist seine Handlungsebene auf ein Minimum reduziert, was menschliche Handlungen gut überschaubar macht. Schwierig, da der Mensch sich selbst ausliefert und unfrei darstellt, was eine Weiterentwicklung fast unmöglich macht. Gleichzeitig hat der Mensch durch seine „Einfaltigkeit" – Potenziale des Gehirns liegen brach, weil nur ein kleiner Teil des Hirns überhaupt genutzt wird – keinen Impuls, Schöpfung in sich selbst zu entdecken.

Wir möchten euch erklären, wozu zwei wichtige Drüsen im Hirn nötig sind, und werden euch nochmals verdeutlichen, dass nichts wirklich zerstört ist, sondern ihr und euer physischer Körper imstande seid, alles deaktivierte Gewebe wieder zu reaktivieren.

Eure Hypophyse ist dafür verantwortlich, die Zellen mit genügend Hormonen zu versorgen und diesbezüglich einen ausgewogenen Haushalt herzustellen. Auf der energetischen Ebene ist sie unverzichtbar für die letztendliche Aktivierung eurer Merkaba und hat hier die Aufgabe, die aktivierten energetischen Felder im physischen Körper zu steuern. Sie ist, wie auch die Epiphyse, abhängig von der Rotation und Aktivierung eurer gesamten DNS.

Die zur Zeit deaktivierte Epiphyse soll im aktivierten Zustand die Aufgabe übernehmen, die Funktion des Gehirns zu steuern und die volle Geisteskraft darin zu erwecken. Das heißt, dass bei voller Funktion der Epiphyse auch schlafende Gehirnkapazitäten erwachen und ihr dann sofort ein verändertes Körpergefühl haben werdet, da euer Gehirn zu extrem veränderten und somit weitaus größeren Kapazitäten fähig sein wird.

Energetisch gesehen, ist die erwachte Geisteskraft notwendig, um mit der Merkaba in eurem physischen Körper durch unterschiedliche Realitätsebenen und damit Schwingungsebenen zu „reisen". Beide Drüsen bedingen sich somit gegenseitig und dehnen sich im Fall einer Reaktivierung der DNS zu ursprünglicher Größe und Kraft aus.

Wie ihr sehen könnt, ist es nicht notwendig zu versuchen, die Aktivität und Rotation der Gehirndrüsen durch energetische Arbeiten zu erwecken und viele lange spirituelle Sitzungen zu haben. Selbstverständlich wollen wir euch nicht abraten, die Dinge zu unternehmen, die euch guttun und in ein Stadium von Entspannung versetzen.

Die wirkliche Aktivierung kann jedoch nur im Zusammenspiel der Wiederbelebung der 12-Strang-DNS geschehen, die zu neuer Aktivität kommt, indem ihr der Stimme des Herzens und damit der Kommunikation mit dem Selbst mit allen Konsequenzen folgt. Wieder sei hier gesagt, dass es Zeit ist, zu euch selbst zu stehen und zu erkennen, welchen Un-Sinn ihr tagtäglich integriert.

Euer Leben ist teils vergleichbar mit einem Hamster, der in seinem fortwährenden Rad läuft. Dabei fällt ihr noch Urteile über die anderen Hamster.

Versucht euch vorzustellen, besser zu empfinden und euch zu erinnern, wie lichtvoll ihr einst zu den Zeiten von Atlantis wart. Es war auch in damaliger Wahrnehmung nicht alles nur einfach und leicht zu meistern, da euer Geist auch in jenen Zeiten durch das Vergessen ging, um spezifische Erfahrungsformen auf der Erde zu durchlaufen und sich entsprechend der damaligen Schwingungsebene zu erkennen. Dennoch hattet ihr das Bewusstsein der göttlichen Struktur, und ihr wart dem Licht und der Liebe zugewandt.

Wir wollen noch einige Worte zu euren Krankheiten sagen:

Versteht, dass die Krankheiten kommen, da ihr euch nicht lebt und letztlich alles in sich zusammenfallen muss. Die DNS hat nicht die vorgesehenen Kapazitäten, und eure körperlichen und geistigen Funktionen sind damit nahezu zum Stillstand gekommen.

Aus diesen nun erheblich reduzierten körperlichen Mechanismen kann aus unserer Sicht der Aufstieg in höhere Frequenzen nur dann geschehen, wenn der Mensch seine Selbstverleugnung und Selbstsabotage registriert und sich entscheidet, in Verantwortung und Mündigkeit zu seiner Realität zu treten.

Ihr seid hoch schwingende Energien, die ihren Ursprung vergessen haben und wie in einem kaputten Auto – der kranke Körper – sitzen, das noch nicht gelernt hat, sich durch den göttlichen Funken zu bewegen und sich stattdessen allmählich mit Treibstoff vergiftet.

Der Treibstoff ist aus unserer Sicht gleichbedeutend mit eurer Medizin und der Legitimation der integrierten Glaubenssysteme durch das Ego.

Wie innen, so außen. Das Gesetz der Entsprechung zielt hier auf die gegenwärtig bereits bestehende Möglichkeit ab,

Energie ohne Rohstoffe und Umweltprobleme zu gewinnen. Nur wäre es weltlich gesehen ein finanzielles Desaster, auf herkömmliche Energiegewinnung vollends zu verzichten, und das Ausmaß in der wirtschaftlichen Konsequenz wäre aus Sicht vieler Menschen zu groß.

Auch hier wird deutlich, dass eine globale Umwälzung der bekannten menschlichen Lebensform ansteht und die Konsequenzen einer vollkommen neuen Interpretation von Leben verstandesmäßig nicht zu übersehen sind.

Falls ihr dennoch den Mut habt, diesen Sprung ins Neue zu wagen, schlagen wir euch vor, in eure Hirnzellen folgende Adresse einzugeben:

www.thoth@universum.com

und mutig abzuwarten, welche Informationen ihr dazu erhalten werdet.

Uns liegt es fern, euch auf den Arm zu nehmen, doch bleibt es nicht aus, eure emotionalen Körper in den Einsatz zu bringen, damit hier letztlich etwas in euren energetischen Feldern geschehen kann.

Wenn obiger Vorschlag von einem Nachrichtendienst gekommen wäre, wärt ihr doch auch überzeugt, dass der Link der Richtigkeit entsprechen könnte. Also gestattet auch uns, Wahrheiten zu kreieren, und, wer weiß, wenn die Geisteskraft ausreicht, um diesbezügliche Informationen zu erhalten, möchten wir euch nicht den Spaß nehmen und euch auffordern zu versuchen, wirkliche Wahrheiten in der Dichte zu erforschen.

Wir energetischen Lichtwesen sind für euch da und können euch das bringen und mitteilen, was ihr wahrhaftig bereit seid, zu hören.

An diesem Punkt kehren wir wieder zu den Krankheiten und eurer Medizin zurück. Wir möchten deutlich aussprechen, dass nur die Menschen Heilung erfahren, die auch bereit sind, geheilt zu werden. Jeder große Meister weiß, dass er nicht heilen darf, wenn Heilung nicht wirklich auf allen Ebenen erwünscht ist.

Aus dieser Perspektive agieren eure Mediziner richtig. Sie heilen nicht, sie überbrücken Krankheiten. Aus diesem Grund ist es auch legitim, dass sie versuchen, jedem Menschen bei der Überbrückung seiner Krankheit behilflich zu sein.

Es gibt auch Ärzte, die das Gefühl haben, sie seien im weißen Kittel Halbgötter, und sie lassen keine Wahrheit und anderen Glauben an ihrer Seite zu. Es ist von unserer Warte sehr seltsam – ohne werten zu wollen – zu sehen, wie überzeugt diese Ärzte von sich sind, obwohl sie einen Körper mit der Masse von Medikamenten langfristig vergiften. Sie meinen es meistens wirklich gut und haben auch die besten Absichten in den Regionen ihres lärmenden Verstandes und ihres strotzenden Egos.

Wir kommen nun nochmals auf unsere Aussage zurück, dass jeder Aufgestiegene Meister oder ein Meister auf der Ebene des Seins nur heilen würde, wenn der Mensch auch wirklich allumfassend bereit ist, geheilt zu werden. Jeder Verstand wird sagen, dass es niemanden unter euch Menschen geben wird, der gerne krank ist. Darum geht es jedoch meistens nicht, da die Sprache des Verstandes nicht maßgeblich ist. Der physische Körper wird krank, weil ihr nicht auf die Stimme eures Herzens hört und nicht in die Kommunikation mit dem Selbst tretet.

Natürlich sind die Gegebenheiten in euren Körpern in der gegenwärtigen Zeit so, dass jeder Körper manipuliert ist und auch bereits schnell Krankheiten integrieren kann, dennoch ist auch hier die Krankheit Ausdruck einer kranken beziehungsweise still gemachten Seele, da ihr nicht mehr auf den Weg des Selbst hört und euch nicht mehr als lichtvolle und göttliche Gestalten erkennt.

Jesus ist nicht auf der Ebene des Seins gewandelt, um beliebig Menschen zu heilen. Er wusste, dass er den Prozess der Krankheit im physischen Körper nicht stoppen darf, wenn der Geist kurz davor steht, durch die Krankheit etwas erkennen zu können. Kein Meister darf euch Erfahrungsprozesse nehmen, nicht in der Heilung von Krankheiten und auch nicht durch Erzählen von etwas, das die Seele hier durch den Geist in das Erkennen bringen möchte.

Es wäre sonst der Eintritt in die Form der Dichte mit der Ausrichtung, in Seinserfahrungen zu gehen, umsonst gewesen, und ihr hättet euch viel Mühsal im Erleben des begrenzten Seins ersparen können.

Die Seele hat diesen Weg gewählt, um sich in der Dichte zu erfahren, damit der Geist in das Erkennen kommt.

Es gibt viele Menschen, die sich entschließen, unter dem Druck einer Krankheit in die Selbsterfahrung zu gehen. Bis dahin haben sie sich geweigert, die Stimme des Selbst durch den emotionalen Körper zu hören.

Es gibt auch Menschen, die sich unbewusst für eine schwere Krankheit entscheiden, weil der Selbstaspekt beschließt, dieses Leben zu beenden, da kein neues Erleben in dem gegenwärtigen Zustand eintreten kann.

Ihr seid und steht unter dem Programm des Selbstaspekts und des Erkennens des mächtigen Geistes. Die Seele hat die Möglichkeit, sich dadurch aus einer begrenzten irdischen Situation zu lösen, falls es aus Schöpfungssicht der geeignete Weg ist.

Hier existiert eine klare Trennung zwischen dem Weg des vorgesehenen Programms (Schöpfung) und des eigen gewählten Ausscheidens aus der physischen Ebene über euren Verstand – Selbstmord.

Die Seele hat bei einem Suizid nicht die Entscheidung zur Transformation getroffen und kann sich nicht auf den Weg in die irdische Abgleichung begeben, da sie ein verstandesgemäßes Ausscheiden aus der Materie nicht einordnen kann.

Auch ist das Ausscheiden bei einem Selbstmord geprägt von einer verzweifelten Situation, wobei diese durch die Spiegelung im Morphogenetischen Feld dem Verstorbenen eine gleiche oder ähnliche Realität nach dem Tod wiedergeben und er sich in einem Zustand von Hoffnungslosigkeit und Verzweiflung wiederfinden wird.

Seid euch bewusst, dass ihr den großen Plan der Seele mit eurem Verstand nicht überblicken könnt und ihr für eine Zeit feststecken werdet in einer Ebene der Dunkelheit und Beklemmung, falls ihr mit dem Verstand versucht, das Ausscheiden der Seele aus der bestehenden Inkarnation zu beschließen.

Es würde noch lange Zeit dauern, bis aus diesem Zustand eine Umorientierung stattfindet, da die Seele mit dem irdischen Zustand nicht zu Ende war und sie dort in einer Zwischenebene verweilt, bis sich ein neue Möglichkeit des Wiedereintritts und der geklärten Sichtweise ergibt (siehe vorangegangene Kapitel).

Die Menschen unter euch, die durch den seelischen Plan aus dem irdischen Leben ausscheiden, erblicken ein helles Licht, das sich wie ein Tunnel darstellt, an dessen Ende ein Licht erscheint.

Dieser Tunnel ist das Zurücklassen des irdischen Zustands und der Weg in die „Hallen von Amenti". Diese Hallen liegen weit im Inneren von Terra – irdische Abgleichung. Sie sind nur den Seelen bestimmt, die sich entscheiden, aus der bestehenden Inkarnation zu scheiden, sowie den Seelen im physischen Gefährt, die über die Illusion des Todes im Leben hinausgegangen sind. Diese Seelen, die in einen bewussten Aufstieg gegangen sind, waren bis zu den Zeiten in Atlantis etliche Wesenheiten, in eurer gegenwärtigen Zeit sind es nur verschwindend wenige Geschöpfe.

Es gibt Medikamente, die Heilwirkungen versprechen und vor Krankheiten schützen sollen. Das ist jedoch nicht immer der Fall.

Fühlt mit dem Herzen hinein und versucht euch zu erklären, warum jedes Jahr gegen die Influenza geimpft werden soll, wobei in einem Impfstoff höchstens fünf von einer ungleich höheren Zahl von Virenarten enthalten sind. In diesen Impfstoffen sind meistens künstliche, durch Laboratorien hergestellte Substanzen – oft Nanosubstanzen, die aufgrund ihrer Größe die gewohnten Blutbahnen verlassen, durch den gesamten Körper strömen und dabei die Hirnschranke überwinden. Sie greifen euer Erbgut an und können euch Schäden bei der Reaktivierung eurer DNS zufügen.

Impfungen hatten und haben teilweise – medizinisch und weltlich gesehen – ihre Berechtigung durch die Unwissenheit in dem Zeitalter der Dunkelheit, entmündigen dennoch das seelische Programm – das allerdings in den niedrigen Schwingungen sowieso nicht spürbar war – und führen es einfach auf Nebenstrecken, in denen dann unweigerlich letztlich wieder das geschehen wird, was der Erfahrungsprozess der Seele vorgibt, nur eben über Umwege.

Die Impfung hat den Hintergrund der Angst, und der Mensch versucht, sich nicht schuldig fühlen zu müssen, falls beispielsweise sein Kind eine Krankheit bekommt, die eine Schutzimpfung hätte verhindern können. Nur schützt doch Unwissenheit aus unserer Sicht nicht vor dem Schuldgefühl des Menschen.

Wenn ein Kind beispielsweise als Reaktion auf eine Impfung heftig erkrankt, fühlt sich niemand schuldig, da man ja nach bestem Wissen und Gewissen gehandelt hat.

Das Schema des Menschen ist auf Lügen und Selbstbetrug aufgebaut und demonstriert in sämtlichen Lebenslagen die Ängste der Menschen und den Wunsch, in seiner Unmündigkeit unschuldig zu bleiben.

Dieser Wunsch ist nachvollziehbar, so lange der Mensch nicht frei sein will und sich selbst nicht in seiner lichtvollen Macht erkennen kann.

Nur so viel sei dazu gesagt: Ihr könnt durch Impfungen und Medikamente eurem Körper großen Schaden zufügen und wollt es nicht erkennen. Ihr wollt auch nicht erkennen, dass Medikamente keine Lösung zur Heilung sind und lasst euch weiter damit therapieren. Ihr wollt auch nicht erkennen, dass genmanipulierte Nahrung womöglich Erbgut schädigend ist und werdet auf die Resultate warten. Und ihr wollt nicht sehen, dass die Hochfrequenzstrahlung eure magnetischen Felder zerstört, was zu weiteren Degenerationen, zu Zellschädigungen und Blockaden führen kann.

Und: Medikamente machen euch abhängig, und sie verändern eure Realität. Die Frage ist jedoch, ob ein depressiver Mensch, der Antidepressiva nimmt, Glückshormone für sein Gehirn braucht, oder ob es nicht besser wäre, aus dem gesellschaftlichen unerträglichen Zustand auszutreten und den Mut zu haben, sich seinen Herzenswünschen hinzugeben? Was ist hier falsch? Die Vorgabe der Gesellschaft, die dem Menschen nicht zugesteht, sich in ihr zu identifizieren oder zu erkennen, weshalb er sich gezwungen sieht, Medikamente zu nehmen? Oder ist vielleicht der gesellschaftliche Druck mit seinen Konsequenzen und Zwängen neu zu überdenken?

Schaut die Symptome an, die eure Körper produzieren, und beginnt, mit euren Organen und kranken Körperteilen zu kommunizieren. Fragt, welche Probleme sie haben und warum sie krank sein wollen. Wir möchten euch durch folgende kurze Entspannung dazu verhelfen, euren Körper besser zu verstehen und zu beginnen, mit ihm zu kommunizieren:

Finde einen Raum, in dem du ungestört bist und es dir gemütlich machen kannst. Falls du es wünschst, kannst du dir begleitend eine sanfte Musik auflegen und dich in farbige Tücher hüllen.

Beginne damit, bewusst deinen Atem zu spüren. Spüre, wie der Atem in den Körper sinkt, um dann automatisch wieder entlassen zu werden. Versuche zu spüren, wie sich bei jedem Einatmen die Lungenflügel weiten und sich beim Ausatmen wieder senken. Nimm wahr, welche unglaubliche Arbeit deine Lunge in der Beatmung leistet. In welcher Selbstverständlichkeit und Automatik sie immer und fortwährend Sauerstoff zuführt und Kohlendioxid wieder in die Außenwelt abgibt.

Das Zusammenspiel in der Natur ist ein harmonisch schwingendes Ganzes, und alles bedingt sich untereinander. Das Ausatmen produziert keine Abfallstoffe, sondern ist notwendig für den gesamten Kreislauf auf Terra.

Fühle, wie du bei jedem Atemzug Licht mit einatmest, und lass dieses Licht deine Lunge füllen.

Dieses Licht ist die letzte, euch bewusste Verbindung zur Urquelle – der göttliche Atem. Mit jedem Atemzug atmest du göttliches Licht ein und aus und bist verbunden mit dem göttlichen Strahl und der Urquelle selbst. Gehe tiefer in dieses Gefühl hinein und beginne, das eingeatmete Licht durch deinen Körper strömen zu lassen. Sei dir bewusst, dass das Licht der

Urquelle auch Informationen und Heilung für deine Zellen bedeutet. Wach auf aus der Unwissenheit und Unmündigkeit im Sosein und gehe tiefer in die Ausbreitung des göttlichen Lichts, das nun den gesamten Körper durchflutet, auch über die physischen Grenzen weit hinaus.

Gib dir bei jedem Atemzug die Möglichkeit, Erinnerungen wach werden zu lassen, ohne dass du etwas Spezielles erwartest. Lass dich beatmen und sei der Beobachter, der voller Hingabe sieht, was mit ihm geschieht. Fühle noch tiefer hinein und erhalte ein Bewusstsein über den Zustand des Nichtstuns. Du hast nichts zu tun, die Schöpfung beatmet dich, und du darfst dir dieser Geborgenheit und dieses Schutzes sicher sein.

Während du beobachtest, wie das göttliche Licht in jedem Atemzug durch deinen Körper fließt, schicke es speziell zu den Stellen, die krank oder schmerzhaft sind. Lass diese Stellen nun mit dem göttlichen Licht berühren, frage sie, warum es ihnen nicht gut geht und warte geduldig auf eine Antwort. Diese kann dir in Bildern, Gefühlen oder in Worten geschickt werden. Lass kommen, was kommen will, und sei dir bewusst, dass du auch Nachrichten empfangen darfst, die du vielleicht als unangenehm betrachtest. Sei ohne Urteil und versuche, dein gesamtes Sein in Liebe zu betrachten und alles, was kommen mag, zu akzeptieren.

Versuche, in dieser Zeit das Licht des göttlichen Atems weiterfließen zu lassen, und werde ein ungebrochenes Ganzes im Fluss der Schöpfung. Gib deinen Zellen die Möglichkeit des Erwachens, der Wieder-Erinnerung, denn der göttliche Atemzug konnte dir nicht genommen werden.

Wenn du dich dann still und geborgen fühlst, werde dir langsam wieder deiner Lunge bewusst und lass deinen Atem in dem Wissen des göttlichen Lichts weiter deine Lungen durchströ-

men. Lass Mutter Erde an dieser Verbindung teilhaben, indem du sie einlädst, mit dir zu atmen und dein göttliches Licht in die Erde fließen zu lassen.

Du lichtvolles Geschöpf von Terra: Bringe HIER und JETZT die göttliche Anbindung wieder in das Leben und lerne, deinen Körper zu verstehen und zu unterstützen. Er macht sich nicht selbst krank, sondern er kann nur in dieser Form auf sich und seine Nöte aufmerksam machen. Gehe in die Verantwortung und verstehe, was du brauchst und warum du Symptome produzierst. Deine lichtvollen Begleiter werden dir bei der Entschlüsselung behilflich sein. Du bist nicht allein. Verstehe, dass du immer ALL-EINS warst in der Göttlichkeit und der Schöpfung.

So sei es!

☆☆☆

Grundlegende Strukturen unseres Seins

Die unbewusste Positionierung in zwischenmenschlichen Definitionen (Mann/Frau-Aspekt) und die Wahrnehmung des Moments

Auch hier werde ich nicht mehr, wie bereits in den vorangegangenen Kapiteln, unterscheiden, welche energetische Form gerade spricht, da sich durch die symbiotische Wahrnehmung der energetischen Aspekte der „Bestandteil" zu Wort melden wird, der gerade die höchste Priorität für die gewünschte Umsetzung hat.

Wir werden in den folgenden Abschnitten teilweise auf die menschliche Vergangenheit zu sprechen kommen, da sie, wie bereits vielfach ausgedrückt, nur eine existente Nebenrealität ist und ihr Menschen begreifen müsst, welche Relevanz sich aktuell noch mit unterschiedlichen Themen, die euch Menschen betreffen, daraus ergibt.

Ihr Menschen habt immer die größte Mühe damit, dass ihr eure Gegenwart/den Moment unbeeinflusst von euren vergangenen Strömungen genießen oder einfach erleben könnt.

Wir gehen gedanklich Jahrtausende in die menschlich erlebte Vergangenheit zurück und versuchen verständlich zu machen, warum der Mensch sich so schwer frei fühlen kann und sich nicht im Moment wahrnimmt, beziehungsweise warum sich der Mensch von seinem energetischen Erbe unfrei fühlt (hier sprechen wir von den Generationslasten und vergangenen Erfahrungen – die sich jetzt als Nebenrealitäten definieren –, die auf den Menschen in der gegenwärtigen Zeit noch einwirken).

Die größte Herausforderung im physischen Sein scheint eure Definition im Moment zu sein, da der Mensch sich stets mit anderen Formen ab- und vergleicht. Das erschafft die Problematik, dass sich der Mensch nicht kennenlernen und erkennen kann, da er immer verstandesmäßig im Vergleich zu anderen Definitionen und Erfahrungsformen steht.

Wie bereits mehrfach erläutert, ist die energetische Wahrnehmung seit den 60-ziger Jahren nicht mehr wie zuvor linear und tunnelartig ausgerichtet, sondern die energetische Wahrnehmung wurde fortan in Nebenrealitäten und damit in unterschiedlichen Seinsformen definiert. Um die Jahrtausendwende haben sich die Räume weiter verändert und die energetische Wahrnehmung auf ein multidimensionales Level verlagert. Das bedeutet, dass mit zunehmender Schwingungserhöhung auch die energetische Wahrnehmung auf ein Vielfaches angestiegen ist.

Somit sind Wahrsagen und Weissagungen nur bedingt möglich, da das Programm der Erde nicht mehr linear verläuft und Menschen sowie natürliche Geschehnisse ihr Programm innerhalb einer Seinserfahrung verändern und umschreiben können.

Jeder Mensch hat die Möglichkeit, sich an einem bestimmten Punkt seines Lebens energetisch in einer spezifischen Form zu definieren. Damit wird er sein Programm abrufbar erfahren und kann dieses, wenn er ein höheres Bewusstsein erreicht hat, auch zu Lebzeiten verändern. Somit findet eine Weiterentwicklung des Programms statt.

Ihr könnt euch dies wie in einem Computerspiel vorstellen: Ihr durchlauft ein bestimmtes Level in einem definierten Spiel und besteht nach vielen Versuchen und Neuanfängen das Level. Dann habt ihr die Möglichkeit, ein neues Level zu erproben, etwas schwieriger, aber dennoch unter denselben Abläufen und Vorgehensweisen. Und immer so weiter.

Irgendwann ist das Computerspiel „erledigt", da die vorgegebenen Level erreicht wurden, und nun könnt ihr euch beispielsweise mit den erwirtschafteten Punkten ein neues Spiel kaufen.

Von energetischer Warte ist es ähnlich. Ihr durchlauft vorgegebene Programme, scheitert aus eurer Sicht, und durch Übung (Bewusstwerdung) werdet ihr letztendlich das Level erreichen und das gesamte Spiel (Programm) somit beenden. Nun ist der Zeitpunkt gekommen, an dem ihr die Möglichkeit habt, mit dem erfahrenen Bewusstsein ein neues Spiel (eine neue Bewusstwerdung) zu erfahren. Dennoch bleibt immer die Herausforderung an euch bestehen, durch Bewusstwerdung Frequenzen zu erhöhen, und das kann ab einer gewissen Schwingungshöhe nicht mehr durch den Verstandesaspekt bewerkstelligt werden. Ihr habt in der gegenwärtigen Zeit nur noch die Möglichkeit, Bewusstwerdung weiter zu erleben, indem ihr die alten definierten Räume verlasst und den Mut habt, neue Erfahrungen durch das Gefühl und den Selbstaspekt zu erfahren.

Wir haben bereits erwähnt, dass der Mensch liebend gerne alte Räume umräumt oder sonstwie verändert, um einer endgültigen Entscheidung, Räume verlassen zu müssen, aus dem Weg zu gehen. Der Mensch agiert und verlässt alte, vermeintlich sichere Räume nur, wenn er sich so unter Druck gesetzt fühlt, dass eine weitere Ignoranz seines gegenwärtigen offensichtlichen Zustands nicht mehr möglich erscheint.

Und nun sind wir an einem Punkt angekommen, an dem ihr euch vorstellen müsst, dass der Mensch aufgefordert ist, ein Terrain zu betreten, das verstandesmäßig nicht erfassbar ist, da es bislang noch nicht erlebt wurde.

Die gegenwärtige Herausforderung ist nicht, den Raum vermeintlich zu verlassen, ihn abzusperren und mit dem Schlüssel in der Hand einige Schritte nach außen zu gehen, um letztlich wieder die Möglichkeit zu haben, umzudrehen und den Raum für noch eine weitere Runde zu bewohnen. Es ist die Entscheidung, den Raum wahrhaft zu verlassen, und die Bereitschaft, euch dem, egal, was kommen mag, euch hinzugeben und zu vertrauen, dass Leben kein Gegenspieler ist, sondern nur die Möglichkeit bietet, in einem gewissen Raum Erfahrungsbereiche zu erproben.

Um den Raum endgültig zu verlassen, ist es notwendig, dass ihr den Raum verschließen könnt und den Mut habt, den Schlüssel entweder steckenzulassen oder wegzuwerfen, in dem Wissen, dass ihr diese Definition bezüglich eures Selbst zu keiner Zeit mehr gebrauchen werdet und ihr den Mut und die Reife besitzt, eine neue Erfahrung zu erleben.

Und hier sind die menschlichen Herausforderungen: Kein weiteres Abgleichen mit alten Erfahrungen und Räumen, sondern die absolute Hingabe an neue Definitionen und damit die Gewissheit, alte Glaubenssysteme und Prägungen nicht mehr zu bewerten.

Damit kommen wir zu der Aussage, dass, wie in einem vorhergehenden Kapitel bereits angesprochen, der Mann sich über Jahrtausende in der Definition eines Helden oder eines Versagers wiederfindet, und die Frau diejenige ist, die Unterwerfung und Harmonisierung der zwischenmenschlichen Zustände als Lebensnotwendigkeit erlernt hat.

Beide Strukturen geben dem Menschen eine vorgeprägte Form, in der sie nicht wahrhaftig in ihrem eigenen ursprünglichen Programm Erfahrungen verbuchen können, da sie so extrem an der noch gegenwärtig bestehenden Prägung der Rollenspiele über die vergangenen Jahrtausende existieren, dass eine eigene Wahrnehmung über anstehende Erfahrungsformen fast unmöglich ist – außer es besteht genügend Bewusstsein, um diese Rollenspiele und die überholten Formen und Definitionen zu erkennen.

Ihr werdet wiederholt die Aussage erkennen, dass der Mensch nun in einem Ablösungsprozess von alten Formen steht und erkennen muss, dass die alten Formen, Anschauungen und Rollenspiele nicht mehr aktuell sind und ihn hemmen, in eine verantwortungsbewusste Definition und Form – letztlich in eine machtvolle Struktur seiner eigentlichen Form – zu wechseln.

Der Mensch ist gegenwärtig noch verhaftet in alten Räumen auf der Suche nach Sicherheiten, die übrigens niemals vorhanden waren, zumindest nicht die Verstandesformen. Dennoch versteht der Mensch es blendend, sich zu belügen und Wahrheiten so auszulegen, dass beispielsweise sein Leben doch schön und sicher war. So spielt er fortwährend alte Rollen nach und versucht sich weiszumachen, dass er schon längst in einem neuen Bewusstsein über sich selbst angekommen ist.

Wir sehen diese jahrtausendelange Generationslast auch in Co-Abhängigkeiten von Paaren oder ganz allgemein in zwischenmenschlichen Beziehungen, indem sich die Struktur wiederholt, dass der Mann sich durch seine Unfähigkeit, Heldentum in der gegenwärtigen Zeit zu verankern, in Suchtstrukturen begibt, um dann in einer Scheinrealität entweder bestehen zu können oder sich durch ein Trugbild seiner bewussten Form in die nächste Illusion zu begeben und sich zu betäuben, um die gegenwärtige Scham des Versagens nicht mehr spüren zu müssen.

Diese Co-Abhängigkeiten sind ein alltägliches und beliebtes Schauspiel, um menschliches Leben darzustellen. Dennoch ist es dem Verstand nicht möglich, alle Prägungen, Glaubenssysteme, Verhaltensweisen und unbewusste Sicherheitsbedürfnisse aufzudecken, und so bleibt letztendlich nur noch die Möglichkeit, alles fallenzulassen, sich im Moment wahrzunehmen und in jedem Moment zu unterscheiden, ob die anstehende Aktion wirklich gewollt ist oder eben einer gewohnten Handlung entspricht und wiederum nicht die Möglichkeit bietet, „Selbst“ zu erkennen.

Thoth:

Ihr würdet hier niemals bewerkstelligen, das gesamte Spektrum eurer Glaubenssysteme, Verletzungen und Geschehnisse aufzuarbeiten, da ihr versuchen würdet, eure Geschichte linear zu begreifen, zu verzeihen und durch vermeintlich gewonnene Reife den Mut zu haben, entsprechende Barrieren zu erkennen und abzulegen. Doch wir möchten euch sagen, dass diese Form von Aufarbeitung in der gegenwärtigen Zeit nicht mehr relevant ist und euch zu Frustrationen führen wird.

Ihr habt nicht die Möglichkeit, eure Vergangenheit aufzuarbeiten, da ihr die Geschichte nicht kennt. Ihr könnt euch nicht daran erinnern, und die Bruchstücke, die ihr noch wisst, haben meistens einen anderen Geschmack bekommen, als sie einst tatsächlich hatten.

Jeder von euch weiß um die Tatsache, dass er vergangene Geschichten sehr subjektiv interpretiert, und interessanterweise genauso, wie er diese Geschichten braucht, um sie mit der interpretierten und vom Ego erwünschten Realitätsebene zu vereinen und sie damit auch zu begründen. Wir wollen euch Glauben schenken, dass ihr wahrhaftig viele eurer Themen so erlebt habt, aber versucht einmal, wirklich zu sehen, wie viele eurer Geschichten noch zusätzliche Geschichten erhalten haben, und ob ihr es schafft, diese erfundenen Erlebnisse dann für euch real werden zu lassen.

Wenn ihr die Kapazitäten hättet, wirklich eure gesamte, menschlich erlebte Vergangenheit abzurufen, würdet ihr niemals und zu keiner weltlichen Zeit mit „Aufarbeitung" fertig werden, da ihr bereits so ziemlich alles irdisch Mögliche erlebt habt.

Seid froh darüber, dass ihr euch an viele vergangene Geschichten nicht erinnern könnt, da ihr automatisch und absichtlich davon verschont werdet, noch mehr Gründe abzurufen, Leben nicht in Aktion erfahren zu wollen und nicht noch weitere Bestätigungen zu haben, Trübsal und Verbitterung zu leben.

Liebe Lichter, ihr seid nun an einem Punkt der Bewusstwerdung, an dem ihr nur noch den Moment zu betrachten habt. Ihr könnt eure „geschriebene und erlebte Vergangenheit" nicht mehr verändern. Das würde euer Gehirn nicht zulassen. Euer Gehirn kann nicht einfach Dinge ausradieren, um dann davon auszugehen, dass sie irgendwie erledigt wurden und sich das Abrufen dieser Geschichten bestenfalls nicht mehr ermöglichen lässt. Ihr spürt tief in euren Zellen Druck und Leid. Mutter Erde hat nun eine zeitliche Epoche hinter sich gebracht, in der der Mensch rein über Leid kommuniziert hat. Der normale Mensch kann keine wahrhaftige Kommunikation führen. Der normale Mensch kommuniziert meistens über Leid.

Wenn ihr eine glückselige Zeit habt, dann beginnt der „normale Mensch" – der noch unbewusste Mensch –, lethargisch und faul zu werden. Nicht nur, dass ihr euch gerne zurücklehnt und andere für euch arbeiten lasst, ihr werdet genauso energetisch lethargisch und letztlich stagnierend. Es bewegt sich dann gar nichts mehr.

„Normale Menschen" versuchen stets, das Glück im Äußeren festzumachen und suchen nach Befriedigung. Aber die Kompensation der äußeren Befriedigungen kann niemals eine Lösung zur wahrhaftigen Glückseligkeit sein.

Versteht, dass ihr eure energetischen Lernmodule auf die äußere Welt projiziert, so, wie ein Projektor das Wesentliche an eine Wand wirft. Ihr müsst nicht lange suchen, sondern euch einfach im Moment in der aktuellen Phase eures Lebens betrachten, eure Reaktionen und Verhaltensmuster bewusst ansehen und nicht über die Dinge und Geschehnisse urteilen oder sie beurteilen.

Werdet Zuschauer und erlaubt, eure Bedürfnisse und Gefühle in gewissen Momenten klar werden zu lassen. Wie sehr könnt ihr euch entsprechen und seid nicht ein Produkt aus Erwartungshaltungen und letztendlich eigenen Einstellungen, die geprägt und geformt wurden durch ein gesellschaftliches Spiel?

Wie sehr könnt ihr, beispielsweise in zwischenmenschlichen Beziehungen, euch selbst entsprechen, und inwiefern lebt ihr dadurch das vermeintlich erwartete Bild des Partners?

Könnt ihr ganz in den Partner vertrauen und euch genauso verhalten, wie ihr es euch wünscht? Wie viele Dinge am Tag oder auch in der Nacht macht ihr, um einen normalen Anschein zu geben und den Eindruck zu erwecken, dass ihr doch an eurem Partner interessiert seid? Warum seid ihr überhaupt an eurem Partner interessiert? Weil ihr an ihn/sie gewöhnt seid und ohne ihn/sie nur noch die Hälfte wärt? Oder weil er/sie euch vermeintlich den letzten Rest an Liebe schenken kann?

Wir wollen in euch ein Bewusstsein dafür wecken, dass sich in eurem Leben alles immer nur um die Liebe dreht.

Jedes menschliche Thema ist Ausdruck der verzweifelten Suche nach Liebe. Entweder durch das Gegenüber, oder die Leistungen und die Gesellschaft – Ansehen, Macht...

Nur wenige Menschen unter euch sind mittlerweile fähig, die Liebe zu sich und ihren Nächsten bedingungslos zuzulassen.

Hattet ihr einmal eine fantastische Nacht mit einem ersehnten Menschen? Wie war der nächste Morgen? Wolltet ihr an diesem Menschen festhalten, die Nacht niemals zuende gehen lassen, ihn/sie sofort wiedersehen? Oder konntet ihr diesen geliebten Menschen ziehen lassen? Konntet ihr ohne Ansprüche und Erwartungshaltungen diesen Menschen gehen lassen? Wie oft habt ihr danach auf euer Handy gestarrt und gewartet, dass er/sie sich doch melden möge? Wie viel eurer Energie habt ihr darin verschwendet, euch zu fragen, ob er/sie sich melden wird und ob ihr liebenswert genug wart, damit ein nächstes Treffen möglich wird? Habt ihr euch bereits einmal gefragt, wie es tatsächlich zu diesem Treffen kommen konnte? Es gibt allerlei mentale Gründe, die jeder nun aufzuzählen vermag, aber warum ist dieses Treffen genau zu diesem Zeitpunkt geschehen? Wart ihr auf der Suche nach Liebe? Habt ihr versucht, jemanden zu finden, und habt ihr wirklich dann die Befriedigung erhalten? Warum kommt es zu Zusammentreffen? Weil ihr clever genug wart, sie zu arrangieren?

Das und vieles mehr wird euch meistens euer Verstand erzählen, doch wollen wir euch sagen, dass nichts dem Zufall überlassen ist. Auch nicht auf Mutter Erde, und so war das atlantische Experiment auch kein wirkliches Zufallsprodukt (je nachdem, von welcher menschlichen Warte ihr diese Aussage nun interpretiert). Wir haben bereits in dem vorhergegangenen Buch behauptet, dass der atlantische Unfall nicht geplant war und sozusagen eine Manipulation an dem Menschen und letztlich der Schöpfung stattgefunden hat.

Es ist tatsächlich so, dass Leben aus der Schöpfung nicht dem Zufall überlassen wird, und doch macht ihr eure Erfahrungen aus dem freien Willen heraus. Das bedeutet, dass die Schöpfung eine Ebene erschaffen hat, auf der ihre energetischen Aspekte dreidimensionale Erfahrungen in einer sehr spezifischen Form integrieren können. Diese Erfahrungen unterliegen zwar dem freien Willen – sonst könntet ihr euch nicht in Erfahrung bringen –, aber dennoch besitzt der Mensch nicht das Recht, willkürlich in seiner Unwissenheit mit Leben zu spielen und umzugehen.

Die Schöpfung hat hier das Gesetz der Resonanz erstellt, das den Ausgleich zwischen den Formen des Lebens unweigerlich bringen muss: „Was du herausgibst, erhältst du auch zurück" – wobei dieser Satz nicht berechnend gemeint ist im Sinne von „Wenn ich jemandem etwas Gutes tue, dann werde ich von meinem Schicksalsschlag befreit..."

Es existieren viele ungeschriebene Schöpfungsgesetze, die für den Ausgleich und das Fortbestehen der Wesenheiten auf Mutter Erde sorgen. Das bedeutet in unserem Beispiel auch schlussfolgernd, dass der Mensch in seinen Handlungen immer auf eine Resonanz stoßen wird, die ihm entweder von außen oder durch sich selbst – beispielsweise dem physischen Körper – einen Hinweis oder eine direkte Antwort auf seine Aktivitäten erteilt.

Die Schöpfung gibt demnach dem Menschen einen freien Rahmen, sich innerhalb des gewählten Programms willkürlich zu bewegen, und wird dennoch nicht tolerieren, wenn der Mensch versucht, einen „Virus" ins Programm zu bringen, um das Programm zu sabotieren oder auch nachhaltig anderen Menschen willentlich Schaden zuzufügen.

Bei einem Computerspiel habt ihr auch die Möglichkeit, euch frei in einem vorgegebenen Programm zu bewegen – dennoch sind der Bewegungsradius und auch die Mittel, die euch in einem Computerspiel zur Verfügung stehen, bereits definiert.

Wie oft seid ihr in einem Computerspiel bereits gestorben und musstet das Level geduldig Mal um Mal wiederholen? Wann hattet ihr genügend Training oder Verständnis, um in ein höheres Level vorzudringen? Und habt ihr schon einmal bemerkt, dass sich zwar der Schwierigkeitsgrad angehoben hat, aber der Inhalt im Grunde derselbe war?

Zurück zum atlantischen Experiment: Es war nicht vorgegeben, durch welche Form die Atlanter ihre Erfahrungen in den niederen Schwingungsebenen erfahren würden, doch war dem Programm und damit der Schöpfung bewusst, dass Frequenzen abfallen würden.

Die Schöpfung hat bei dem atlantischen Unglück eingegriffen, da die Ausmaße der Zerstörung vehement waren und damit Leben global zerstörten (Selbstkorrektur – Mechanismus – siehe Kapitel „Angst"). Letztendlich ein Mechanismus, der Leben erhält und nicht gestattet, dass vorgegebene Programme zerstört oder vehement sabotiert werden – Lebenserhaltung! Der Mechanismus setzt ein, wenn das Programm eine vehemente Abweichung verzeichnet und das Spektrum des zu erfahrenen Prozesses infrage stellen würde. In einem Computerspiel würden der Computer und das Spiel abbrechen/abstürzen.

Die Schöpfung „erlaubte", dass beispielsweise energetische Wesenheiten, die „normalerweise" nicht an der irdischen Form beteiligt sind, dem Menschen zur Seite standen und eingreifen konnten. Damit erhielt die Schöpfung durch den Selbstkorrektur-Mechanismus die Erfahrungsebene des menschlichen Seins, und sie handelte dabei nur aus einem Gedanken: der Gedanke, der allzeit und immergegenwärtig vorhanden ist:

Leben ist das höchste Gut und wird zu jeder Zeit beschützt! Damit ist völlig klar, dass keine Seele jemals verlorengehen wird.

Wenn ihr euch „verabredet" mit anderen Energien/Wesenheiten, werdet ihr sie zu dem Zeitpunkt treffen, an dem ihr bereit seid, in die Interaktion zu treten. Und manchmal entscheidet nicht der einzelne Mensch die Interaktion in seinem Programm, sondern die Matrix gibt die Interaktion für die Menschheit und die Erfahrungsform vor. Das ist beispielsweise der Fall, wenn genügend Menschen in ihrem Programm die Bereitschaft zu einem Bewusstseinssprung haben oder auch einfach die „Zeit reif ist", Bewusstsein zu integrieren (siehe das Experiment des hundertsten Affen).

Der Aspekt des Zeit/Raum-Bezugs in eurer Definition kommt auch zur Wirkung, da aus Sicht der Schöpfung die Erfahrungsformen zeitgleich geschehen, und damit entscheidet der freie Wille des einzelnen Menschen letztlich nur den definierten „zeitlichen" Eintritt eines Ereignisses in dem **irdischen Aspekt**. Das bedeutet, dass alle Möglichkeiten vorhanden sind und die erlebte Form eines Menschen nur das Resultat der eigenen inneren Bereitschaft ist, Leben zu erfahren.

Der freie Wille ist sozusagen ein Instrument, das entscheidet, wann der Erfahrungsprozess, geknüpft an die eigene Schwingung und die damit verbundene Bereitschaft, Bewusstsein zu integrieren, ablaufen kann.

Das bedeutet, dass das Eintreten einer spezifischen Erfahrungsform eines Menschen oder auch der Menschen (über das Bewusstsein der Matrix) aus der Zeit/Raum-Definition stattfindet und Frequenzen entsprechend darin verändert.

Das Programm ist somit bereits geschrieben, doch ist nicht definiert, wann der Mensch die „Entertaste" drücken und wie er sich durch den freien Willen die Abläufe in einem Programm spezifisch wählen wird.

Ihr spürt beispielsweise eine innere Bereitschaft, gewisse Glaubenssysteme fallenzulassen: Dann wird ein Gegenüber auf euch zukommen, das auch diese Glaubenssysteme oder seine eigenen subjektiven Systeme verändern möchte (Gesetz der Resonanz). Ihr trefft euch immer in einer verabredeten Interaktion und wisst gleichzeitig so wenig über euch, dass ihr nicht das Bewusstsein für dieses Wissen aktivieren könnt.

Aber was haben unsere Ausführungen nun mit den kommenden Integrationen/der Reaktivierung der atlantischen Erfahrungsform zu tun?

Ihr seid einfach nicht mehr in der alten Definition von Leben, in der ihr glaubt, noch zu sein.

Bittet nicht länger um Schutz und Führung, sondern geht in den Schutz und die Führung zu euch selbst.

Ihr selbst seid wissend! Dennoch ist die alte Gewohnheit, dumm oder verantwortungslos in einem großen Rad herumgewirbelt zu werden, immer noch so einfach, aber doch auch gleichzeitig langweilig.

Wie oft werden noch einmal die gleichen Szenarien gespielt? Ist euch Erwachsenen schon einmal aufgefallen, dass eure Kinder die gleiche Form durchleben, wie ihr das einst auch tatet? Ist das wirklich erstrebenswert, dass ihr euch wie bei einem Staffellauf den Stab in die Hände reicht und jeder mit diesem Schicksal versucht, so schnell zu sein, wie es nur geht, um am Ende hoffentlich mit seiner ganzen Mannschaft gut dazustehen?

Es ist für uns erfreulicherweise nicht so einfach, linear beim Thema zu bleiben. Erfreulicherweise, da die Energien in diesem Buch so themenübergreifend werden – und das ist für die Ablösung notwendig, um aus der linearen Form zu entschwinden –, dass es uns schwerfällt, euren Verstand mit einer Sache zu befriedigen, während wir aber die Notwendigkeit verspüren, energetisch bereits das nächste Thema mit zu verbinden.

Wenn ihr euch einmal den Spaß erlauben wollt, dann steigt jetzt mit uns ein. In eine Szenerie, in der alles ineinander überfließt und es unmöglich ist, eine konkrete feste Aussage zu erhalten. Das lässt jedoch die meisten Menschen unter euch unbefriedigt zurück.

Keine richtige definitive Antwort mehr zu erhalten und sich einfach in einem Geflecht der Realitätsebenen treiben zu lassen. Der Mensch sucht nach einem nächsten Anhaltspunkt und merkt dabei nicht, dass die Lösung immer vorhanden war, nur verschleiert, da der Verstand so viele Erwartungen aufgestellt hat, einen nächsten Weg zu gehen, dass es euch nicht möglich war, zu sehen, dass der Weg immer schon klar vor euch gelegen hat.

Dabei möchten wir euch nahelegen, dass es in der Überschreitung von Realitätsebenen und Themenbereichen immer notwenig ist, die Klarheit zu erlangen. Denn in der Klarheit (siehe Kapitel Nullpunkt) verschwinden Urteile und Beurteilungen. In der Klarheit löst sich die Dualität auf, und mit der Klarheit werdet ihr zentriert und bewegt euch unweigerlich in das Selbst. Klarheit lässt keine unterschiedlichen Definition mehr zu.

Zurück zu dem atlantischen Experiment: Ihr denkt, ihr habt lange Zeit in der Form des Kali Yuga verbracht, das erzählen zumindest eure Kalender. Und energetisch betrachtet ist es nicht mal ein Augenzwinkern lang her, dass ihr das atlantische Erbe verlassen habt. Atlantis könnte nicht seine Erfahrungsformen an euch reichen, wenn eure Zeitrechnung hier von Belang wäre. Denn mit dem rechnerischen zeitlichen Abstand eurer Kalender wäre es Mutter Erde nicht mehr möglich, sich in die Heimatgalaxie hinein zu transformieren (die Heimatgalaxie hätte sich in dieser jahrtausendelangen Zeitspanne zu weit von der Schwingung der Erde entfernt). Ihr habt dennoch in der illusionären Zeitzone viele Leben verbracht, und aus energetischer Sicht ist das so nicht geschehen.

Ihr existiert nicht in diesem von euch momentan erlebten menschlichen Dilemma – ihr glaubt nur, dort zu sein. Und dieser feste Glaube manifestiert sich in eurer Soseinsebene der irdischen Realität.

Gut, das ist das menschliche gegenwärtige Programm, und das ist völlig in Ordnung. Doch die Frage ist wohl, wie der Weg aus dieser Illusion hinausführt – oder sollte die erste Frage sein: Wollt ihr überhaupt aus dieser Illusion aussteigen?

Euer Kopf wird nicht lange fackeln, oder doch: Einige unter euch Menschen werden in vollem Bewusstsein sagen, dass es ihnen nicht schlecht geht, also warum sollten sie Veränderung wünschen?

Das ist auch die Meinung einiger Wesenheiten, die sich eurer energetischen Macht durch eure Gefühle bedienen und Mutter Erde zu ihrem Nutzen gebrauchen. Auch sie sind der Meinung, dass es nicht das Schlechteste ist, wenn alles so bleibt, wie es seit langer Zeit ist. Ihr habt euch dennoch unglaublich schnell verändert – die letzten Jahrzehnte zeigen das sehr deutlich.

Seid euch bewusst, dass einige Menschen genau wissen, welche Katastrophen oder weltliche Geschehnisse als Nächstes kommen werden. So ist es wahrhaftig!

Verfallt nicht der Illusion, dass alles Menschliche dem Zufall überlassen wird. Nichts, und das haben wir bereits gesagt, ist dem Zufall überlassen. Nicht aus dem Blickwinkel der Schöpfung und nicht aus dem Blickwinkel der menschlichen Spezies.

Im Grunde ist alles bereits geschrieben und vorgegeben, und zur richtigen Zeit erhaltet ihr Informationen, die langsam in euer Bewusstsein einziehen, um dann zu gegebener Zeit ohne Aufruhr im menschlichen Erleben probiert werden können.

Wie im Äußeren – der weltlichen Struktur – verfahren wird,

so geht ihr auch im Inneren mit euch um. Euer Selbst führt euch an mögliche Integrationen heran, um zum richtigen Zeitpunkt und unter angemessenem Druck auch die jeweilige Erfahrung zu ermöglichen.

Die Menschen unter euch, die nicht erfahren oder nicht „sehen“ wollen, werden dann aussortiert in die „normale Schublade“ der Menschen oder der energetischen Wesenheiten, die einfach so herumtaumeln, bis das Ende ihres momentanen Aufenthalts erreicht worden ist.

Auch eine Möglichkeit! Diese Menschen dienen den weltlichen Interessen, da sie nicht fragen und einfach das absolvieren, was von ihnen erwartet wird.

Nur gibt es im Verlauf des irdischen Kalenders auch energetische Veränderungen. Diese müssen bei einem normal empfänglichen Menschen mit berücksichtigt werden. So, wie sich eure Gestirne verändern, verändert sich auch der Mensch. Nichts ist statisch, aber ihr geht aus irgendeinem Grund davon aus, dass alles immer doch so bleiben wird, wie es ist – natürlich abgesehen von kleinen Schwankungen. Falls jedoch die Schwankungen größer werden, ist schon Alarmstufe Rot geboten, und ihr Menschen beginnt, panisch zu reagieren.

Wir sind nun an einem wesentlichen Punkt angekommen: Dadurch, dass ihr ständig das Gleiche erwartet und auch wollt – dann kann wenigstens nichts Schlimmeres eintreten –, haltet ihr den Moment fest, und dadurch kann Veränderung im Leben und Bewusstwerdung nur zäh in eure Zellen und Realitäten einziehen.

Ist euch schon einmal aufgefallen, wie der Mensch Gegebenheiten und allgemeine Zustände einfach so annimmt? Darin seid ihr wahrhaft Meister geworden.

Es ist einfach so, dass man unter diesen oder jenen Bedingungen nicht mehr verdient, oder dass man die Schule gut absolvieren muss, oder dass einmal wieder Tausende von Menschen bei einem Aufruhr gestorben sind.

Die großen Mächte geht das scheinbar so lange nichts an, bis sie selbst beginnen, wirtschaftlich die Auswirkungen zu verspüren, und dann wird immer ein plausibler Grund gefunden, unbedingt schnell und auch deutlich zu handeln.

Wir haben hier nicht das Wort ergriffen, um mit euch über die Machtspiele auf der Welt zu diskutieren, sondern um euch klar zu machen, dass ihr im Kleinen genau das Gleiche macht wie die Mächtigen in der äußeren Welt.

Und dadurch ist diese alte Welt noch so stabil, da ihr zu viel Angst habt, das vermeintlich Neue (oder beispielsweise das erlöste alte atlantische Erbe) zu integrieren.

Habt ihr schon einmal unter einer Brücke oder in einem Obdachlosenheim übernachtet? Das geht – es ist gar nicht so schlimm, außer vielleicht, wenn die Außentemperaturen zu extrem werden. Man(n) (und Frau) kann sich daran gewöhnen, und auch diese Menschen werden sagen: „Gar nicht so schlecht“, und vielleicht dazufügen: „Ich muss da wenigstens nichts tun...“

Diese Menschen gibt es zuhauf. Manche lassen sich verheiraten, damit sie sich nicht selbst bewegen müssen, manche geben sich einfach zu allem her, um versorgt zu sein, manche prostituieren sich, um gesehen zu werden, und wieder andere verleugnen sich ein Leben lang, um sich nicht verändern zu müssen.

Aber wehe, wenn der Obdachlose einmal in einem Hotel nach einem unglaublichen Schaumbad in einem weichen Bett schlafen durfte und am nächsten Morgen mit einem Chauffeur in einer Limousine zu einem vorzüglichen Essen gefahren wurde. Was geschieht dann unweigerlich mit ihm? Er hat Leben ausprobieren dürfen und dabei Dinge erfahren, die eigentlich nicht in seinem Verstand möglich waren, und merkt daran, wie spannend und entspannend so ein Leben sein kann.

Hier geht es nicht um Luxus, sondern um ein Lebensgefühl, dass alles möglich ist und nichts im Äußeren zu einem größeren Glück beitragen muss, aber einen neuen Geschmack auf Leben hinterlassen hat.

Ihr glaubt, dass in eurer Welt Reichtum mit Glück verbunden ist. Aber das ist so nicht der Fall. Reichtum sollte Fülle bedeuten und euch die Möglichkeit geben, die Unbegrenztheit des Seins zu empfinden.

Seid ihr schon einmal einem Freak begegnet? Was zeichnet einen Freak aus? Ist das nicht eine Person, die auf Konventionen keinen Wert legt? Diese Person will nicht in dem großen Strom schwimmen und ist unabhängig von den weltlichen Definitionen und Verhaltensregeln. Auch diese Menschen müssen zu einem Anteil einem System entsprechen, aber sie schaffen es meistens, eine individuelle Rolle darin zu spielen. Und so lange ihr Einfluss auf weitere Menschen nicht zunimmt und sie kein Aufsehen erregen, dürfen sie auch meistens gewähren. Die Anzahl derer ist klein, da es Mut braucht, aus den normalen Formen auszubrechen. Und es braucht sehr viel Kraft, sich gedanklich über die Normalität hinauszubewegen.

Das ist es, woran es euch meistens fehlt: Der Mut und die Kraft, Leben zu akzeptieren und wirklich in Empfang zu nehmen. Das Risiko, anders zu sein und darin wahrhaft zu erfahren, wie schön es ist, anders zu sein, als es die Gesellschaft vorgibt. Anders zu sein heißt doch, über bestehende Grenzen hinwegzugehen und die alten Definitionen von menschlicher Existenz neu zu erfühlen.

Wenn ihr einmal erfahren habt, was Leben und Mut in Bezug auf Leben bedeuten, werdet ihr es nicht mehr missen wollen.

Die 60-ziger Jahre in eurer Zeitrechnung waren ein Durchbruch in der alten gesellschaftlichen Definition. Ihr wart voller Aufbruchsstimmung und wolltet alle Grenzen brechen – friedlich die Grenzen übertreten. Ihr fordertet Menschsein/Leben ein und wart bereit, neue Realitäten in euer Dasein mit einzubeziehen.

Die Sehnsucht dieser Menschen bestand darin, auszubrechen aus einem kontrollierten Menschsein (der Ausbruch aus dem Paradies durch Bewusstwerdung und das unweigerliche Erkennen, dass es kein Paradies der Unmündigkeit geben kann).

Der Ausbruch ist euch teilweise gelungen – ihr habt Energien bewegt und es geschafft, Nebenrealitäten zu öffnen und der Spiritualität Einzug zu gewähren.

Das ist kein Aufruf unsererseits, wieder LSD und weitere Drogen zu konsumieren, denn in der gegenwärtigen Zeit sind diese intergalaktischen Reisen auch ohne Drogen möglich.

Dennoch sind viele Menschen gegenwärtig wieder verhaftet und bereit, sich den gesellschaftlichen Strukturen anzupassen, wie lange Zeit nicht mehr. Euch wird fast in jedem Moment gezeigt, dass ihr extrem arbeitswillig sein müsst, da ihr sonst das Tempo der menschlich/weltlichen Entwicklung nicht halten werdet. Und diese Bereitschaft erfordert Zeit – viel Zeit –, und eure Tage sind vollgespickt mit Tun! Um es deutlich zu sagen:

Je mehr Möglichkeit der Schwingungserhöhung und damit Bewusstwerdung, umso mehr werdet ihr von außen gefordert, in dem großen gesellschaftlichen Strom Fuß zu fassen und mitzuhalten. Das ist wiederum das Gesetz von Resonanz, nur in einer verfehlt aufgefassten Form: Viel Tun in der Bewusstwerdung erfordert in der Resonanz viel Tun in der tagtäglichen Form. Das äußere weltliche Tun bringt euch wieder ab von eurer inneren Bereitschaft, selbst zu leben, da die vielen Termine und Erledigungen keine Zeit zur Selbstreflexion lassen.

Eine Möglichkeit der Selbstreflexion ist die Disziplin, in jedem Moment „das Tun“ bewusst wahrzunehmen und somit einen Bezugspunkt zu dem eigenen Empfinden zu setzen. Dieser Bezugspunkt aktiviert den emotionalen Körper und gibt die Möglichkeit, aus den rein mentalen Abläufen auszubrechen, ohne „das weltliche Tun“ vehement einschränken zu müssen.

Es ist aus energetischer Sicht relevant, dass ihr Menschen – wie auch eure Computer – regelmäßig „upgedatet“ werdet, da sich damit die Kapazitäten erweitern und ihr die Möglichkeit erhaltet, eure angelegten Fähigkeiten entsprechend zu leben.

Doch lernt ihr hier wie auch in vielen anderen gesellschaftlichen Bereichen, das Medium Computer so zu benutzen, dass ihr glaubt, in gesellschaftlichen Formen mithalten zu können und euch auf Internetforen und anderen Portalen optimal präsentiert.

Ein Portal – uns gefällt dieses Wort – ist ein Übergang in weitere Dimensionen. Durch dieses Portal ist es möglich, vollständige Veränderungen zu durchleben und nachhaltig ein „neuer Mensch“ zu werden.

Internetportale dienen beispielsweise dazu, zu chatten und herauszufinden, was in den menschlichen Affairen und Angelegenheiten Wichtiges geschehen ist. Hier könnt ihr mitreden und euch wichtig fühlen.

Es gibt aber auch das Portal „Hilfe, ich bin so einsam“ oder das Portal „Ich habe endlich was zu sagen“... Alles Einrichtungen, um Zeit zu verschwenden und dem Ego vermeintlich Kraft zu schenken. (Selbst ein Ego ist ein intelligenter Körper und wird auf dieses Spiel nicht lange hereinfallen.) Aber „Gott sei Dank“ (hier dankt ihr dem verkleideten Gott in diesen smarten Menschen) lassen sich kluge, gar geniale Köpfe schnell genug etwas einfallen, um es auf den weltlichen Portalen nicht langweilig werden zu lassen.

Wir unsererseits würden uns gerne eine APP wünschen, über die der Mensch mit seinem Energiekörper durch Bewusstwerdung seine Gestalt und seine Kapazitäten verändern kann. Welche Marktlücke! Ihr könntet eure Gedanken schulen, wie es funktionieren könnte, ein wirklich erleuchteter Mensch zu werden. Aber Vorsicht: Diese APP müsste ein erleuchteter Mensch oder eine erleuchtete Wesenheit schreiben, um nicht wieder falsche und stagnierende Gedanken zu setzen.

Das Angebot steht im Raum, diese alten Gewohnheiten zu verändern – und zwar nachhaltig. Es wird unterschiedliche Menschen geben – einerseits die Menschen, die zu sich selbst auf die Reise gehen und bereit sind, mit Mut ihr Sosein neu zu erleben, und andererseits die Menschen, die es vorziehen, die anderen erst einmal machen zu lassen, in der Hoffnung, dass die Anzahl irgendwann groß genug sein wird, dass einfach eine neue Welt erscheint und sie tragen wird.

Auch ein möglicher Mechanismus, dennoch werden viele dieser Menschen erfahren, dass ihre physischen Körper nicht genügend Kraft haben, um eine derartige energetische Wandlung durchstehen zu können.

Selbstverständlich werden die lichtvollen bewussten Menschen Terra und ihre Matrix verändern und sich von dieser Ebene aus transformieren, aber die anderen werden Einsamkeit und Isolation so lange annehmen müssen, bis sie aus der dumpfen Realität der Machenschaften und Großartigkeiten erwachen.

Es gibt Menschen auf Terra, die sich bereits besonders spirituell finden und die Weisheiten der viel besuchten Seminare auch gerne zu gegebener Zeit weitergeben. Diese Menschen haben meistens eine gute Erklärung zu den Begrenzungen anderer, nicht so oft allerdings zu sich selbst.

Die Menschen im Umfeld dieser Personen werden oft beurteilt oder einfach ignoriert, wenn es um Störungen der eigenen Bereiche geht. Wenn die Störungen allerdings außerhalb des eigenen Seins stattfinden, haben sie meistens die vermeintliche Größe, einfach die Angelegenheiten als „ich bin davon nicht betroffen und kann somit alle in ihrer Erfahrungsform gewähren lassen“ großmütig hinzunehmen.

Wie echt seid ihr in dieser Form? Seht ihr nicht, dass bedingungslose Liebe immer und zu jeder Zeit ihre Existenz zeigt und freisetzt?

Wenn du dich angesprochen fühlst, dann sei bereit, deine Fehler und Unzulänglichkeiten zu akzeptieren – auch du bist ein Schüler der Spezies Mensch.

Was macht diese Aussage mit dir? Nichts? Dann möchten wir dir gratulieren, da du entweder zu den „ich stehe sowieso über allem und jedem“ oder auch zu den wahrhaft bewusst gewordenen Menschen gehörst. Wir bitten dich nun, selbst deine Kategorie zu finden, und falls es dich ärgert oder negative Gefühle in dir freisetzt, möchten wir dir sagen: Gut, dass du fühlen kannst und bereit bist, jetzt zu spüren, dass du dich selbst für beispielsweise wertlos hältst.

Das ist der Ansatzpunkt, um zu heilen, da du nicht kompensieren und dadurch genauso wenig leiden musst.

Entscheide jetzt aus freiem Willen, diese Begrenzung hinter dir zu lassen!

Wir möchten euch dazu eine bildliche Darstellung anbieten:

Du hast als Kind im Sandkasten gespielt und dort deine „Kuchen“ aus Sand gebacken; jeder Kuchen steht hier für Verletzungen, aber auch für Gefühle allgemein, wie beispielsweise Missbrauch, Wertlosigkeit und/oder Ablehnung, Großartigkeit und Bestehen, Schmerzen und lieblose Erlebnisse, aber auch manchmal für gute Erfahrungen.

Du sitzt in deinem Sandkasten, hast deine Buddelhose an und schaust auf deine Kuchen am Rand des Sandkastens. Es ist dir wichtig, dass dir andere Menschen zusehen und dabei bemerken, wie es dir geht. Wenn einer Interesse an deinem Zustand zeigt, dann stülpst du schnell noch einen weiteren Kuchen aus und hoffst, dass du verstanden wirst, um entsprechende Resonanz bei deinem Mitmenschen auszulösen.

Du gewöhnst dich an diese Methode der Kompensation deiner Gefühle durch Anteilnahme anderer Menschen an deinem Zustand. Es tut dir gut, mit deinen Defiziten erkannt zu werden, und durch die entsprechende Anteilnahme beginnst du, dich vermeintlich „geliebter" zu fühlen.

Der Sandkasten fühlt sich für dich vertraut an, du fühlst dich zwar in dieser Definition nicht unbedingt wohl, aber doch sicher.

Die Jahre vergehen, und du wirst älter; deine Kleidung verändert sich, dein Aussehen ebenso, und dein Körper wächst. Der Sandkasten wird zu eng, und du musst deine Beine anziehen, um noch Platz darin zu finden.

Zu gegebener Zeit fährst du damit fort, deine Kuchen zu backen. Wieder stülpst du – angelehnt an entsprechende Situationen – Sandkuchen aus.

Da gibt es mittlerweile den Manager in seinem Anzug, den Chirurgen in dem OP-Kittel, den Rechtsanwalt in seiner Robe und die Hausfrau in ihrer Schürze..., und alle sitzen in ihren jeweiligen Sandkästen und backen fortwährend dieselben Kuchen aus ihrer erlebten Vergangenheit. Gleichzeitig haben alle Menschen in ihrem Leben jeweils das Bedürfnis, als Person ernst genommen zu werden, backen dennoch weiterhin ihre „alten“ Kuchen.

Du merkst, dass dein Körper von der unbequemen und überholten Haltung zu schmerzen beginnt. Auch fühlst du dich im Grunde in deiner Gesamtsituation unwohl, da du ständig dasselbe Schema bedienst: Mitleid und Unmündigkeit, jedoch stülpst du weiterhin die nächste Kuchenform auf dem Rand des Sandkastens aus.

Es ist dein Recht, das zu tun! Auch im hohen Alter von 80 Jahren kannst du noch in deinem Sandkasten sitzen, deine Kreuzschmerzen ertragen und dich nicht von der Stelle rühren. Das ist dein freier Wille. Es ist auch deine freie Entscheidung, deine Situation zu verändern, aus dem Sandkasten aufzustehen und zu merken, dass es Zeit geworden ist, die eigene Realität neu zu überprüfen und Verantwortung für dein Sein zu übernehmen.

Wenn du den Entschluss fasst, den Sandkasten zu verlassen und dein Leben neu zu erfahren, dann wird dich niemand aufhalten. Es ist deine Wahl und Bereitschaft, Leben zu erfahren und das Alte hinter dir zu lassen, vorwärts zu blicken und deinen Weg in ein „neues Leben“ zu riskieren.

Fühle dich frei zu wählen, aber sei so konsequent, nicht andere Menschen oder Umstände für deinen Zustand verantwortlich zu machen.

Wir wollen hier nicht nur die Leser erreichen, die sich mit Spiritualität oder energetischen Arbeiten beschäftigen, sondern alle Menschen auf Terra. Atlantis und sein Erbe haben nicht speziell mit Spiritualität im allgemeinen Verständnis zu tun, sondern letztlich mit Tatsachen. Ihr könnt oder werdet Atlantis in den folgenden Zeiten nicht ignorieren, da es euch wieder zurückgebracht wird. Ihr werdet nicht in die gleiche Zeit eintauchen, die ihr damals verlassen habt, dennoch werdet ihr mit der atlantischen Form vereint. Das bedeutet, dass ihr sprunghaft wachsen werdet und voraussichtlich nicht einmal merkt, wie stark ihr gewachsen seid, da alles seine Normalität gewinnt. Doch passen die Teile eurer bisherigen weltlichen Form nicht länger mit der atlantischen Realitätsform zusammen, und somit wird die Veränderung eurer momentanen Realitätsform stattfinden. Merklich oder subtil. Das könnt ihr entscheiden.

☆☆☆

Einfache Verhaltensweisen und menschliche Umgangsformen

Wir werden etwas zwischen den Themen hin und herspringen und euch, so gut es geht, das menschliche Leben, eure Verhaltensweisen und auch zugrunde gelegte Strukturen erläutern.

Leben in sich und grundsätzlich ist ein Geschenk der Schöpfung. Wir sind uns im Klaren, dass ihr solche und ähnliche Sätze bereits zur Genüge gehört habt.

Wir sprachen schon über die illusionären Räume und über die blaue und rote Pille (siehe vorhergegangenes Buch) und möchten in diesem Abschnitt noch einmal deutlicher auf die Grundsätzlichkeit und Wahrhaftigkeit dieser Aussage eingehen.

Wir greifen hier auf eine Sitzungsarbeit unserer Freundin zurück, in der die anwesende Person mit ihrem „Inneren Kind" in eine Konfliktsituation kam. Da die folgende Geschichte in der Matrix Resonanzen zeigt und so ziemlich alle Menschen eine problematische Thematik mit ihrem Inneren Kind haben, wollen wir diese Erfahrung an euch weitergeben:

Dieses Innere Kind war voller Aggression und Wut und hatte gelernt, sich durch gewalttätige Formen vermeintlich zu beschützen. Es errichtete eine Festung wie die Trojaner und schien unbesiegbar zu sein. Das Innere Kind ging nicht in Kommunikation, und auch war keine emotionale Änderung seines Zustands zu ersehen. Also bedienten wir uns in diesem Bild des trojanischen Pferdes und baten erlöste Energien, die in das irdische Leben eingreifen dürfen, wie die der Engel und Feen, sich in das Pferdeinnere zu begeben.

Auch dieses Kind machte „den Fehler", das Pferd in seine Burg zu bringen, und auch hier kamen dann die in unserem

Bild erlösten energetischen Wesenheiten in einem unbeobachteten Moment aus dem Pferdeinneren und begannen, sich in der Burg dieses Inneren Kindes auszubreiten.

Das Kind versuchte, gegen diese Energien anzukämpfen, musste aber die Ausweglosigkeit seiner Aktionen begreifen, da sich durch einen Schwertschlag zwar die Energien spalten ließen, diese aber nach wenigen Momenten wieder in ihre Ursprungsform zurückfanden.

Durch diese Ausweglosigkeit, sich durch Kampf der energetischen Wesenheiten zu entledigen, fand dieses Innere Kind schließlich in seine Bereitschaft, mit den Wesenheiten zu kommunizieren.

Die Wesenheiten entführten das Innere Kind in eine Art Dornröschenschloss, das aber voller Leben war. Das Kind lag dort in einem wundervollen Schlossturm, und das Bett war versehen mit den schönsten Tüchern.

Dennoch konnte das Kind die Schönheit und Geborgenheit dieses Zustands nicht erkennen und begann, durch seine Aggression und Wut gesteuert, die Tücher herabzureißen und zu zerstören. Als nun eine Bedienstete den Raum mit den schönsten Speisen und Getränken auf einem Tablett betrat, hatte das Innere Kind nur verletzende Worte für die Dienerin und schickte sie fort.

Dann machte sich das Kind auf seinen Weg durch das Schloss und kam zu den Pferdeställen. Die Wut und Aggression des Kindes herrschten noch weiterhin vor, und als es versuchte, den Stall eines soeben fressenden Pferdes zu betreten, um seine Stimmung dort kundzutun, katapultierte das Pferd kurzerhand durch Ausschlagen mit den Hinterhufen das Innere Kind zur Stalltür wieder hinaus. Auch ein weiterer Versuch des Inneren Kindes brachte kein neues Ergebnis.

In dieser Stimmung ging das Innere Kind weiter zum Schweinestall und begann, das sich gerade im Schlamm wälzende Schwein zu sticheln. Das Schwein prustete tief aus und überdeckte das Kind mit seinem Schlamm. Wutentbrannt wollte das Kind sich an dem Schwein rächen und wurde dabei durch eine Wesenheit, die sich in diesem Moment dem Kind sichtbar offenbarte, gebremst.

Wir wollen nun dieser Wesenheit erneut das Wort übergeben und euch auffordern, euch in den Zustand des Kindes einzufühlen, um die Projektion dieses Zustands in euch und auch global, das heißt, durch die Matrix, zu erlösen.

„Jeder Mensch kennt die Situation, sich durch enttäuschte Erwartungen in einer Verletzung zu finden, die oft Verhärtungen bis zu der Möglichkeit von absoluten Realitätsverschiebungen in sich trägt. Menschen haben die Gewohnheit, sich stets in das Licht der Unschuld zu versetzen, um sich in ihrem Sein und als Mensch besser und erleichtert zu fühlen. Dennoch behaupten wir, dass der Mensch keine objektive Wahrnehmung zulassen und erkennen kann, wenn er sich stets von der Wirklichkeit entfernt.

Ihr habt wiederholt von der illusionären Realität gehört, in der ihr euch bewegt. Trotzdem gibt es die eine Wirklichkeit *(siehe Buch „Thoth und Mutter Erde“ – Anmerkung der Autorin)*, die Realitäten erschafft, und dadurch ist es letztendlich so, dass alles wahrhaftig ist und zugleich Illusion.

Eine illusionäre Weltwahrnehmung, die sich auf der einen Wirklichkeit aufbaut.

Versucht jetzt nicht, mit dem Verstand das Geschriebene zu erfassen, sondern geht mit auf eine abenteuerliche Reise und entdeckt das experimentierende Kind in euch:

Viele Menschen geben sich der Philosophie hin und versuchen, durch Gedankenspiele Realität zu erfassen.

Was ist im eigentlichen Sinn real? Könnt ihr jemals davon ausgehen, dass es eine wahrnehmbare Realität gibt, die den Menschen in seiner Wirklichkeit wahrhaft definiert? Jesus wollte, nach den Überlieferungen entsprechend, wie beispielsweise der Bibel, dem Menschen schon vor zwei Jahrtausenden vermitteln, dass es unendlich viele gültige Realitäten – Wahrnehmen der Illusion – in der einen Wirklichkeitsebene gibt, und die Wahrnehmung anderer Realitäten nur möglich ist im Zustand von Abkoppelung des Verstandes und der eigenen und gesellschaftlichen Glaubenssysteme.

Ihr werdet nun sagen, dass bereits ein Säugling dieser wahrnehmbaren Definition der sichtbaren Welt unterworfen ist und sich somit auch diesen Gesetzen beugen muss – wie Hunger, Krankheit und die Tatsache, dass ein Sturz auf den Boden von einem Tisch herunter Beulen hinterlassen kann.

Ihr seid durch die Übereinkunft mit der Schöpfung in diese irdische und zugleich physische Ebene eine Vereinbarung eingegangen, die besagt, dass ihr euch in einer speziellen Form unter noch vorherrschenden physikalischen Gesetzmäßigkeiten definieren lernt, und zwar zu einem speziellen Zeitpunkt. Das bedeutet aber nicht, dass diese noch vorherrschende Realitätswahrnehmung statisch oder gar stagnierend ist.

Diese Realität wird sich entsprechend den irdischen Vorkommnissen verändern und in sich wandeln – und somit auch die Wahrnehmung in der Realität des irdischen Ausdrucks verändern.

Es ist nicht unkompliziert, diese Sätze durch die noch vorherrschende Stellung des Verstandes zu leiten, da sich der Verstand kein Bild und keine Verständigung beziehungsweise keine Erfahrungsebene abrufen kann, in der das Gesagte stimmig erscheinen würde und somit das Lernverhalten in Resonanz bringen könnte. Also werdet ihr nun mit Aussagen konfrontiert, die erst einmal nicht mitschwingen können. Das könnte aber das Interesse, sie zu verstehen, um ein Vielfaches ansteigen lassen.

Noch einmal: Der Mensch befindet sich in einer Selbstdefinition und interpretiert Realitäten. Es gibt darin reale Vorkommnisse für den einzelnen Menschen, aber auch kollektive Ereignisse.

Eure Geschichte beispielsweise hat in der damaligen definierten Zeitrechnung eine Realität, der sie zugrunde liegt, und doch erfinden die Menschen dazu neue Geschichten, die aber nicht in realer Schwingung zu der erlebten Form gebracht werden. Damit wollen wir aussagen, dass die Menschen oft und letztlich dauernd über die Medien und andere Menschen wie auch durch zahlreiche Mächte Dinge erfahren, die im Grunde keine Auswirkung in der Wirklichkeitsebene haben, da sie ein reines Produkt des Egos sind und somit nicht in der einen Wirklichkeitsebene schwingen können.

Wenn sie demnach nicht in Resonanz gebracht werden, werdet ihr euch berechtigterweise fragen, ob dann die Schöpfung doch endlich ist, da eine unendliche Schöpfung alles kennen würde.

Die Schöpfung ist unendlich, und sie schließt auch nichts aus, dennoch ist die Definition von Verstandesprodukten nicht in der einen Wirklichkeitsebene enthalten, da sie mentaler Form ist und somit nicht gefühlsmäßig schwingen kann. Dadurch ist die Zuordnung der mentalen Produkte aus Sicht der Schöpfung erlaubt, doch kreieren sie keine Wirklichkeit. Sie sind unlebendig und erschaffen somit andere Räume – Räume außerhalb der einen Wirklichkeit. Demnach ist die eine Wirklichkeit auch nicht endlich und erlaubt unendliche Definitionen außerhalb ihres unendlichen Raums.

Also erschafft der Mensch in einem unendlichen Raum eine unendliche mentale Wirklichkeit, die sich außerhalb der einen Wirklichkeit definieren lässt, demnach aber keine Macht in der einen Wirklichkeit besitzt.

Kurzum bedeutet das für die irdische Erfahrungsebene, dass rein mentale Wesenheiten auf die emotionale Wahrnehmung angewiesen sind, um in dem wahrnehmbaren dreidimensionalen irdischen Raum zu erschaffen.

Rein mentale Wesenheiten haben somit kaum bis gar nicht die Möglichkeit, in dieser irdischen Ebene zu erschaffen und brauchen den Emotionalkörper des Menschen, um sich weiterhin für irdisch kreativ und mächtig zu halten.

Da der Mensch auch einen mentalen Körper und somit einen Verstand besitzt, ist es ein Leichtes, sein Feld durch die Programmierung des Verstandes zu knacken und dadurch in sein Inneres vorzudringen und quasi ein Virus zu installieren, das den Menschen initiiert, über seine emotionale Wahrnehmung dieses Programm zum Leben zu erwecken.

Vielleicht fällt euch auf, dass eure Computer genau dieses beschreiben: Ein technisches/mentales Feld, das durch das Setzen und Schreiben von Programmen bestimmte Abläufe bedient. Während die Programme geschrieben werden, verändert sich das energetische Feld des Computers, was bedeutet, dass selbst der Computer ein „emotionales“ Muster fährt. Nun entsteht hier die Frage, ob der Computer sich dieses emotionale Muster durch die Gegenwart der Menschen aneignet, oder ob der Mensch sich so mit seinem Computer vernetzt, dass der Computer auf „seinen Menschen“ reagiert.

Wir würden in der wahrnehmbaren Definition des Moments vorschlagen, dass der gegenwärtige Mensch, der jeweils sein Umfeld spezifisch bedient – auf seine subjektive Realität ausgerichtet –, sich individuell auf seinen Computer so einlässt, dass der Computer sich wiederum mit „seinem Menschen" vernetzt. Das bedeutet, wenn der Mensch sein emotionales Feld auch während der Computerarbeit aktiv lässt und damit sozusagen mit seinem Computer emotional wie auch mental kommuniziert, der Zugang zum Computer sich so vernetzen wird, dass der Computer in seiner technischen oder auch möglichen Form auf diesbezügliche Gefühle reagiert. (Im Übrigen ist dies bei allen Maschinen der Fall.)

Dieser Aussage folgend ist der Computer fähig, obwohl rein auf mentale Eigenschaften ausgelegt, sich mit den emotionalen Mustern seines Gegenübers und der Menschheit zu vernetzen.

Wenn nun beispielsweise ein Computer mit einer mentalen Wesenheit gleich schwingt und gleichzeitig mit den emotionalen Schwingungen eines menschlichen Individuums vernetzt ist, kann also die mentale Wesenheit auch über den Zugang zum Computer emotionale Muster abfangen.

Ihr werdet nun sagen, dass diese emotionalen Netze durch einen mentalen/technischen Computer gar nicht in der Ursprünglichkeit emotionale Raster sein können. Damit habt ihr wiederum Recht, und der Zugriff auf das erschaffende emotionale Feld kann somit nur durch den Computer und die Vernetzung zu seinem Menschen entstehen, das heißt, dass mentale Wesenheiten durch die Computer die Kodierung ihrer Menschen ausfindig machen und somit den Zugriffskode auf den emotionalen Körper des Menschen erhalten, ohne ihn persönlich ausfindig zu machen.

Ihr kennt bereits die irdische Datenbank, die wie ein großer emotionaler Computer in der Form der Blume des Lebens im Erdmittelpunkt Daten abgleicht und Schöpfungsgeschehnisse im weiteren Sinne erfasst.

Die Erde ist, energetisch gesehen, weiblich – der Computer der Erde ist somit auch weiblich und speichert Formen durch emotionale Muster.

Der Computer der mentalen Welt repräsentiert die technischen Aspekte und wird so aufgebaut, dass er Daten letztlich durch mentale Programme steuert.

Auch kann – wie beschrieben – ein Computer der weltlichen Form durch die Vernetzung mit „seinem Menschen" oder anderen Bezugsstellen emotionale Raster bedienen. Dadurch wird er quasi eine Brücke von der statischen mentalen Ebene zu der schöpferischen lebendigen Kodierung und kann durch die Übertragung von Daten wiederum der mentalen Seite dienen.

Nun werdet ihr auch verstehen, warum ihr so sehr dazu angeregt werdet, eure gesamte Welt auf Computer zu reduzieren. Sie dienen dem mentalen Vorhaben, unterstützen den Zugang zu den emotionalen Körpern und faszinieren den Menschen mit dieser Welt – je mehr Faszination in dieser mentalen technischen Welt von den lebendigen emotionalen Menschen ausgeht, desto einfacher ist es für sie, auf ihre Kodierungen zurückzugreifen und letztendlich eine Form der Kontrolle über menschliche/emotionale Strukturen zu gewinnen.

Wir wollen euch damit ein Bewusstsein vermitteln, dass in dem Aufstieg und den damit verbundenen, höher werdenden Schwingungen, die zwangsläufig emotionale Verstärkungen in den Seinsformen hervorrufen, auch in der Gegenpolarität die mentale Ebene machtvoller wird und damit das Gleichgewicht in der Definition der Polarität hält.

Durch die beschriebene Vernetzung bekommt die mentale Ebene alles mit, was sich in der menschlichen Matrix tut – sowohl die Themen, die auf den Computern geschrieben werden, als auch alle Inhalte und letztendlich Schwingungen – sie sind für die mentale Form zwar nicht spür-, aber messbar. Und messbare Schwingungen werden einfach übersetzt und sind damit lesbar.

Dennoch hält sich hier normalerweise das Verhältnis der geschriebenen Form auch wieder die Waage mit den ansteigenden Schwingungen, und somit tariert sich wiederum das „normale Level" aus.

Es ist der mentalen Ebene möglich, die übersetzten Frequenzen/Informationen zu nutzen und somit auch den Menschen in seiner bewussten Wahrnehmung einerseits zu kontrollieren, aber auch zu unterstützen, da genau verwertet werden kann, wie sich das bewusste Level mit den ansteigenden Frequenzen auf Mutter Erde zusammen weiterentwickelt.

In jeder Realitätsebene gibt es grundsätzlich, der jeweiligen Frequenz entsprechend, gleiche Verhaltensmuster, das bedeutet, dass, jeweils der jeweiligen Frequenz angepasst, Verhaltensmuster angewandt wurden, um für einen Ausgleich in der Definition der Polaritäten und der Lebensformen zu sorgen.

Wenn ihr eine Datei anlegen würdet, die ein Verhältnis von erlebten Erfahrungen und Bewusstseinshöhe sowie Schwingungsebenen verzeichnen würde, wäre euch klar, dass der Mensch im Grunde immer, seiner eigenen Schwingung entsprechend, „die gleichen Erfahrungen" absolviert hat.

Natürlich sagt euer Verstand, dass beispielsweise die Erfahrung, als Hexe verbrannt zu werden oder auch mit dem Schwert um sein Leben kämpfen zu müssen, nicht vergleichbar ist mit der heutigen „Freiheit und Gleichberechtigung".

Das entspricht aus energetischer Sicht jedoch nicht der Wahrheit: Ihr könnt es scheinbar nicht beurteilen, da wahrhaftig die Angst und das Bewusstsein, die die heutigen Erfahrungsformen (Schwingungshöhe) bestimmen, proportional sind zur Angst und dem Bewusstsein, die zu den damaligen Zeiten (in welcher Zeit auch immer) die Erfahrungsformen geschrieben haben.

Tatsächlich ist es so, dass alle Realitäten und Aspekte der dreidimensionalen Form entsprechend bereits nebeneinander existieren und nur die Schwingung sich von den zu machenden Erfahrungen unterscheidet. Das bedeutet, dass es immer ein Verhältnis gibt zwischen der Frequenz, die ein Mensch oder ein Lebewesen trägt (eben auch durch die Matrix), und damit dem Bewusstseinsgrad, sowie der zu machenden Erfahrung.

Wir sagen euch damit, dass „alle irdischen Erfahrungsformen letztlich in einem Topf existieren und ihr nur durch die spezifische Frequenz eine aktuelle Erfahrung aus diesem Topf nehmt". Das heißt, dass alles letztendlich gleich ist und damit wieder keiner Wertung unterliegt.

Alle Erfahrungsformen sind in ihrer Struktur und Anforderung gleich. Sie unterscheiden sich vermeintlich nur im Äußeren, dennoch ist die Substanz (das Verhältnis zu der möglichen Erfahrung/dem Bewusstsein und der Schwingungshöhe) der zu machenden Erfahrung immer dieselbe.

Das frustriert jetzt bestimmt die Leserinnen und Leser unter euch, die an ihrer eigenen Bewusstwerdung seit vielen Jahren arbeiten, da ihr erkennen müsst, dass es egal ist, wie hoch schwingend ihr werdet, denn die Herausforderung, Leben zu erfahren und zu erkennen, bleibt anscheinend die gleiche.

Doch in Wahrheit unterscheiden sich eure Freiheit und die Möglichkeiten der bewussten Seinserfahrungen. Und damit ist auch ein gegenwärtig hoch schwingender Mensch bereit, mehr

Bewusstsein und damit Freiheit zu integrieren, als ein niedrig schwingender Mensch jemals dazu die Möglichkeit hat – hier entspricht wieder die Frequenzhöhe der bewussten möglichen Erfahrungsform. Ihr Ausmaß oder die Herausforderung Leben hat aber für den niedrig schwingenden Menschen das gleiche Potenzial wie für den hoch schwingenden Menschen.

Der bewusste Mensch hat die Möglichkeit, sich in seiner Essenz zu erkennen und in dieser Form Erfahrungswerte zu einem gesamten Spektrum zusammenzufügen, was bedeutet, dass Leben für den bewussten Menschen kein beliebiges Spiel des Überlebens mehr darstellt, sondern eine Freiheit, Teil der Schöpfung zu sein und in der Schöpfung damit bewusst zu partizipieren.

Das wiederum bedeutet, dass der bewusste Mensch in seiner wahrnehmbaren Form nicht mehr einem Rollenspiel unterlegen ist und sich ausgeliefert und unmündig empfindet, sondern dass er in seiner erhabenen Form bewusst zu der Herausforderung seiner Selbsterkennung beiträgt und sich als mündigen Aspekt eines gesamten Teils empfinden kann.

Der Mensch hat also die Wahl, entweder durch Angst gesteuert (behindert in seiner Entwicklung) zu werden, oder er erkennt, dass Angst eine Brücke zur nächsten Erfahrungsform und -stufe darstellt.

Das wiederum bestätigt und „beweist“ die These, dass alles zeitgleich ist und nur durch sichtbare beziehungsweise durch die jeweilige Frequenz sichtbar gewordene Aspekte der Raum der Erfahrung unterschieden wird.

Das bedeutet, alle Aspekte des Seins existieren immer zeitgleich, und sie werden durch das Erkennen und das Leben in spezifischen Frequenzen abrufbar und für das menschliche Auge sichtbar.

Das wiederum belegt unsere oben aufgestellte Behauptung, dass sich Leben in der irdischen Form vom Ausdruck oder auch vom Inhalt immer entspricht und nur die sichtbaren Erfahrungsformen durch die Frequenz der bewussten Form bildlich dargestellt werden.

Damit hat der Mensch immer „gleiche" Erfahrungen gemacht, und der einzige Unterschied ist und war schon immer die Möglichkeit der bewussten Wahrnehmung und die diesbezügliche Selbstdefinition in Angst und Unmündigkeit oder Hingabe und Verantwortung.

Die Herausforderungen in der Definition des irdischen Lebens sind somit proportional zu eurem Ermessen und den momentanen Möglichkeiten, Leben zu erfahren.

Wie im Inneren, so im Äußeren – ihr seid euch mittlerweile der Gesetzmäßigkeiten bewusst:

Auch in den weltlichen Systemen ist unsere Beschreibung über den Gehalt und die Wahrnehmung von Leben und Bewusstsein im Äußeren verzeichnet. Der primitive Mensch beispielsweise hat kein Interesse an einer guten Ausbildung oder intellektuellen Bildung und bekommt meistens wenig Geld für seinen Job vergütet. Diese Menschen sind meistens anspruchslos, kämen aber damit auch nicht auf die Idee, ihre Seinsform infrage zu stellen und geben sich mit den einfachsten kommunikativen Mitteln zufrieden.

Meistens hat der einfache Mensch auch nicht den Impuls, sich weiterzuentwickeln, da Weiterentwicklung mit Reflexion und Hinterfragung der eigenen Struktur zusammenhängen würde, und doch Einfachheit in der irdischen Form oft mit Lethargie oder gar Faulheit zusammen gelebt wird.

Diese Struktur ist von energetischer Warte gleichzustellen mit Menschen, die eben kein Bewusstsein integrieren möchten, da der Impuls zu einer solchen Entwicklung durch die Aktivität niedriger Frequenzen gar nicht gesetzt wird.

Oft hat der gebildete Mensch eine gute Ausbildung, Wissen und soziale Kompetenzen. Damit ist er befähigt, Leben auf anspruchsvolleren Ebenen zu erfahren. Hier stellt die Gesellschaft dann auch mehr „Fülle" zur Verfügung, wie höhere Bezahlung oder Privilegien.

Es ist in diesem Konsens wichtig zu verstehen, dass wir nur in gesellschaftlich angelegten Mustern unsere Beispiele formulieren. Ihr werdet im Grunde immer erkennen, dass ein Mensch mit höherer Schwingung bereit ist, mehr Bewusstsein zu integrieren und zwangsläufig in anspruchsvolleren Ebenen des gesellschaftlichen Lebens zu finden ist – unsere Ausführungen geben dabei nicht vor, dass ein bewusster Mensch zwangsläufig eine gute/wertvolle – im gesellschaftlichen Verständnis – Ausbildung absolviert haben muss.

Ihr definiert euch gegenwärtig in einer multidimensionalen Welt und bedient nicht nur lineare Realitätsebenen, sondern überschneidet ständig Realitäten mit eurer wahrnehmbaren Form.

Es scheint bislang noch für viele Machenschaften auf dem Planeten Erde notwendig zu sein, die Menschen unter Kontrolle zu halten, da eben nur die alte Struktur der Unmündigkeit vom Verstand verzeichnet ist und viele Menschen der Ansicht sind, dass es zu katastrophalen Auswirkungen kommen wird, wenn der normale Mensch in seiner Schaffenskraft freien Lauf erhält.

Das ist die Angst, dass nichts mehr so funktionieren wird wie zuvor, wenn ich meine Kontrolle loslasse. Und das ist richtig – nur dahinter steht die Aussage, dass ihr auch durch die Kontrolle nicht verhindern könnt, was sowieso geschehen wird – also wozu der Stress der Kontrolle?

Ein Mensch beispielsweise, der versucht, seinen Beziehungspartner so zu kontrollieren, dass er/sie doch keinen Sex mit einem anderen Menschen haben soll, wird durch seine/ihre Kontrolle nicht bewerkstelligen, dass der Partner sich an die Treue hält.

Kontrolle verursacht Lügen, und zwangsläufig fallen die Frequenzen ab – die Partner können sich nicht mehr so rein und liebend begegnen, und die Beziehung wird auf jeden Fall mehr auf die Probe gestellt, als wenn die Kontrolle von Beginn an nicht vorhanden gewesen wäre.

Ihr könnt die Wege der Menschen nicht durch die Kontrolle und den Verstand lenken und leiten – ihr habt jedoch die Möglichkeit, mit euch zu sein und liebende Menschen durch das Leben an eurer Seite zu erfahren.

Wie im Kleinen, so auch im Großen (Gesetz der Entsprechung): Auch die mächtigen Menschen der Erde glauben an die Kontrolle der Menschheit und das Desaster, wenn man dem Menschen seine eigene Richtung gewährt. Doch die Zeit ist gekommen, in der Bewusstsein die Kontrolle und Freiheit die Angst ablöst.

Also geht auch hier gegenwärtig die Schwingung zwischen den Polaritäten in ein Extrem.

Der wissende Mensch in seiner hohen energetischen Schwingung ist notwendig für die mächtigen Menschen dieser Welt, da die hohe Schwingung die Möglichkeit für weitere Potenziale gibt. Aus diesem Grund macht es nicht mehr unbedingt die Masse aus, die den mächtigen Strukturen dienen kann, sondern vielmehr die Höhe der Schwingung, auch wenn es weniger Menschen sind. Nicht mehr Quantität, sondern Qualität, da der Bewusstseins- und Erfahrungsgrad auf der irdischen Ebene die Nachfrage verändert.

Nicht mehr viel Billigware durch Kinderarbeit aus dem fernen Ausland, sondern eher weniger und qualitätsreiche Ware aus eurem Bereich. Übrigens ist es hierbei erwähnenswert, dass Billigkleidung auch eine entsprechend niedrige Frequenz trägt, da sie meistens durch Ausbeutung anderer Kulturen oder Menschen entstanden ist. Diese Frequenz zieht ihr dann an und werdet merken, wie sie sich auf eure Gemüter auswirken wird. Das gilt auch für eure Nahrung. „Du bist, was du isst", und du umgibst dich gleichermaßen mit den Gütern, die du selbst anscheinend reflektieren möchtest.

Ihr werdet euch eventuell wundern, warum wir diesen Computer benutzen, um zu schreiben, in dem Wissen, dass unsere Worte auch von destruktiven Strukturen erfasst werden können. Es ist völlig in Ordnung, das zu tun! Und es ist völlig egal, wie ihr es tut.

Die Frequenzen steigen, und somit wird die Spanne zwischen den Polaritäten sowieso größer. Das bedeutet, wo es mehr Licht gibt, da ist auch mehr Schatten, und beide Pole bilden eine Einheit. Sie verschmelzen und werden Realität in der einen Wirklichkeitsebene. Also gehört letztlich alles zusammen und ist Schöpfung. Ungewertete Schöpfung – das Licht ist der Schatten. Das Sein und Gott und Alles-was-ist.

Ihr werdet euch nun vielleicht fragen, warum wir einige Momente davor davon sprachen, dass mentale Kräfte nicht wirklich erschaffen können, da sie nicht zu der Interpretation der menschlichen Wirklichkeit gehören – und dennoch sind sie Schöpfung.

Alles ist Schöpfung und wertet nicht!
Aber nicht alles ist die Definition der Wirklichkeit!

Ihr seid eine Möglichkeit, Schöpfung zu interpretieren und erschafft Realitäten mit dem Emotionalkörper. Warum dann der mentale Eingriff? In eurer Welt ist der mentale Grundsatz vertreten, und das ist gegenwärtig noch teilweise die Welt, die sich nach dem Fall der Frequenzen gezeigt hat. Ein Produkt außerhalb der vorgesehenen Wirklichkeit, die sich durch die emotionale Form ausgedrückt hat, und dennoch ein Ausdruck von Erfahrung. Ihr habt dem mentalen Verständnis die Legitimation erteilt.

In ihrer Ursprünglichkeit hat sich die Wirklichkeit durch die emotionale Erfahrungsform der dreidimensionalen Definition gezeigt, und ihr habt es nach dem Fall der Frequenzen nicht bei der Definition der Polaritäten belassen, sondern die Dualität geprägt. Daraus entstanden die Urteile und Wertigkeiten, die euch heute das Leben erschweren und euch die Identität/Kommunikation zum Selbstaspekt nehmen.

Nun noch einige Worte zu euren Computerspielen:

Die machtvolleren Instanzen benutzen jede Möglichkeit, den Menschen emotionaler werden zu lassen, um mehr Potenzial über die Kodierung der Computer einzufangen. Nun ist es auch noch so, dass die hoch schwingenden Neuen Kinder extrem auf die Welt der Computerspiele reagieren. Die Kinder geben sich durch diese Spiele unbewusst die größtmögliche Anstrengung, der unerlösten mächtigen Komponente zu dienen, und speisen während des Spiels ihre emotionalen Regungen in die Kodierung der Computer ein, werden für die Matrix mental und verstärken dadurch das Auftreten der unerlösten Machtgefüge. Zudem sind die virtuellen Welten auch Realitäten, die nicht mehr oder weniger existieren als eure illusionäre Welt.

Das heißt, jeder Mensch, der am Bildschirm tötet, hat gemordet, und zwar aus seiner Sicht in einem Computerspiel –

aus unserer Sicht in einer anderen Realität. Ihr macht euch zu „Mördern“ und beruhigt eure Gewissen, indem ihr nicht an die Existenz dieser Welten glaubt.

Wenn ihr eure Kinder oder euch selbst während eines Kampfspiels am Computer oder der Playstation beobachtet, werdet ihr erkennen, dass im Verlauf des Spiels der Mensch immer mehr emotional abstumpft. Die Sätze werden brutaler, die energetischen Körper verlieren ihre Kraft.

Das bedeutet, dass die emotionalen Muster durch die mentale unerlöste Form gebraucht und auch missbraucht werden – quasi wie abgerufen werden und in andere Realitäten fließen. Was wiederum bedeutet, dass ihr nicht nur in der für euch virtuellen Welt tötet, die aber auch eine Realität in dieser Welt ist, sondern auch, dass durch euren emotionalen Körper, und somit durch euch, in der unerlösten Welt Realität erschaffen wird. Das heißt, ihr seid in anderen Seinsformen der Mensch, der tötet, und gleichzeitig erschafft ihr in der illusionären weltlichen Form Realitäten.

Nach einer Weile werdet ihr sehen, dass ihr immer mehr emotional abstumpft. Die Spiele müssen heftiger und blutrünstiger werden, damit sie noch emotionale Regungen in der starken Form kreieren. Zunächst reicht es, dem Spieler an der Konsole zu emotionalen Spannungen zu verhelfen, indem einfach geschossen und gejagt wird. Nun reicht das nicht mehr aus: Die Spiele müssen heftiger und bedrohlicher werden, damit es zu einer ähnlichen Faszination kommen kann.

Es wird euch bereits aufgefallen sein, dass die meisten Spiele ab 18 Jahren zugelassen sind und heftige Szenen beschreiben. Die Jugendlichen langweilen sich mit normalen Themen, und so werden die meisten Männer unter euch mit den Urinstinkten des primitiven Mannes vertraut, um die heftigsten emotionalen Regungen hervorrufen zu können.

Die Spanne zwischen den Polaritäten und den Extremen in den Erfahrungsformen wird immer größer. Beobachtet euch und die Welt, in der ihr euch definiert, wie ihr während eines Spiels energetisch verarmt.

Ein Kriegsveteran wird sich niemals so empfinden: Wenn er getötet hat und es für ihn emotional fühlbar ist, wird seine Psyche mit sterben, mit jedem Töten, das er begangen hat. Weil er fühlen kann, dass er sich selbst umbringt. Er wird ein Leben in Schuld und Selbstzweifel verbringen, da eine offene schwingende Energie nicht mit dem Wissen leben kann, getötet zu haben.

Niemals wird ein Mensch, der emotional geöffnet ist und seine Gefühle wahrnehmen kann, an einem Mord teilnehmen. Nur unerlöste und emotional verschlossene Menschen werden Spaß am Töten haben, in der Hoffnung, irgendwie Emotionen zu empfinden.

Wenn sie das bei einem Amoklauf geschafft haben, werden sie sich vielleicht für einen Moment befriedigt fühlen – aber hier reden wir von mentalen unerlösten oder verdrehten kranken Wesenheiten.

Wir haben in vorhergegangen Kapiteln bereits über die Kirche gesprochen und möchten an dieser Stelle noch einmal darauf verweisen, dass speziell die katholische Kirche ihren Gläubigen die Beichte anbietet.

Die Beichte kann in dieser Form eine wertvolle Funktion für den Menschen haben, der sich Schuld aufgeladen hat. Es ist letztlich eine psychologische Hilfestellung, da der mit Sünden beladene Mensch in seiner Beichte die Möglichkeit findet, von Schuld freigesprochen zu werden und damit sozusagen einen neuen Start in seinem Leben erreichen kann. Es ist wie bei einem misslungenen Computerspiel, in dem der Mensch die Möglichkeit für einen „Restart“ erhält.

Wir wollen darauf hinweisen, dass wir hier nicht die christliche Kirche loben wollen, denn, wie bereits mehrfach gesagt, ist aus energetischer Sicht die Übersetzung, der sich die christliche Kirche teils bedient, oft zwiespältig und auch manipulierend eingesetzt, und es bedarf auch in diesem Thema der Klarheit, welche Auslegungen dem einzelnen Menschen dienlich sind, und welche Formen eventuell veraltet und auch zu anderem Zweck übersetzt wurden.

Dennoch ist an der ursprünglichen Form des Christentums wie auch an anderen Religionen nichts falsch – nur der Mensch, der die Kirche vertritt, ist begrenzt und kann/will somit auch nicht immer göttliche, reine Weisungen verstehen.

Nicht die Kirche an sich ist falsch, sondern der Mensch, der die kirchlichen Dienste falsch interpretiert oder missbraucht, macht Fehler.

Ob diese Fehler gewollt gemacht werden, um eine gewisse Macht über Menschen auszuüben, oder ob diese Fehler noch durch individuelle Inkompetenzen ausgelöst werden, wollen wir nicht beurteilen. Wichtig ist für den Menschen die Klarheit für letztendlich alle unterschiedlichen Lebensbereiche, die selbstverständlich nicht nur die Kirche betreffen, sondern auch andere alltägliche Lebensinhalte wie Wirtschaft, Politik, Medizin und die eigene Gesundheit, sowie Mitmenschen, die einen selbst im Leben begleiten.

Mit dem Ausflug in die kirchliche Ausrichtung wollen wir jedoch darauf aufmerksam machen, dass die christliche Auslegung viele hilfreiche und wertvolle sowie reife Potenziale besitzt und dem Menschen in seiner Vergebung und seinem Wachstum dienlich sein kann.

Wie die Beichte den Menschen von seinen Sünden freispricht oder auch die Kirche den Sünder auf sein Leben nach dem Tod verweist, ist es dem Menschen möglich, klar und bewusst zu entscheiden, welcher Weg ihm im Leben offensteht und ob die Bereitschaft besteht, wahrhaft für Leben Verantwortung zu übernehmen.

Bezüglich der Bereitschaft des Menschen für Verantwortung und letztendlich für sein Selbstbewusstsein möchten wir noch einmal auf das Thema der Selbstlosigkeit und der Selbstwahrnehmung/Selbstverbundenheit sowie der diesbezüglichen Opferbereitschaft und des Dienens eingehen.

Mit den gegenwärtig steigenden energetischen Frequenzen ist der Mensch aufgerufen, über sich verstärkt zu reflektieren. Wir haben über diesen Punkt bereits gesprochen und möchten darüber hinaus noch auf die momentanen diesbezüglichen Herausforderungen für den Menschen eingehen:

Jeder Erdenmensch kennt sein Dilemma, zwischen Verstandesvorstellungen und unterdrückten emotionalen Weisungen zu existieren. Weiterhin ist es dem Menschen bekannt, dass er im Mangel der Selbstliebe lebt und darum kämpft, Liebe und Aufmerksamkeit zu erhalten, um sich wertvoller und verbundener zu fühlen.

Ein Arzt oder Heiler muss sich auch einmal fragen, warum er/sie diesen Beruf gewählt hat – wie sich auch alle anderen Menschen hinterfragen sollten, warum sie sich im ihrem Leben mit einer speziellen Ausrichtung (Beruf) die meiste Zeit ihres wahrnehmbaren Seins beschäftigen. Jede menschliche und auch tierische oder sonstige lebendige Tätigkeit hat einen Hintergrund und zeigt damit etwas Spezifisches auf.

Der Beruf der Menschen ist ein Feld, mit dem er die meisten Wachstunden am Tag verbringt, und somit ist die Wahl des Tätigkeitsfelds eine aussagekräftige Größe.

Der Heiler oder Arzt beispielsweise macht diesen Beruf entweder aus der Überzeugung, Leben retten oder erhalten zu wollen, ein wahrhaft angesehenes gesellschaftliches Mitglied zu sein oder aus der Überzeugung heraus, anderen Menschen zu dienen.

Es ist nun relevant, sich weiter in die Tiefe des Menschen zu bewegen und den Hintergrund bezüglich seiner Ausrichtung zu erfragen: Jeder Mensch wählt seinen Beruf entweder aus freien Stücken, in der Überzeugung, eine gewisse Darstellung über sein Leben aufzuzeigen, oder er hat in seiner Prägung die Überzeugung, gar nicht wirklich wählen zu können, da sein weltliches und menschliches Umfeld nicht erlaubt, frei wählen zu können.

Hinter jeder Selbstdefinition steht nun aber die Herausforderung, einen Schritt weiterzugehen und Leben aus der Perspektive des Kollektivs und der Unabhängigkeit zu betrachten.

Die Menschen, die bereits ein geschultes Bewusstsein haben, werden nun mit der Herausforderung konfrontiert, nicht nur, wie bereits beschrieben, wertfrei und frei von Verstandesvorstellungen zu werden, sondern vielmehr zu verstehen, dass der Mensch noch oft jede Handlung unter dem Gefühl von Selbstlosigkeit ausführt – siehe auch Krankheiten –, was bedeutet, dass sich der Mensch in einem Stadium „losgelöst vom eigenen Selbst“ befindet.

Und dieses Losgelöst-Sein ist nicht der allgemein ersehnte schwebende Flug des Menschen (der Traum vom Fliegen), sondern das Nicht-Verbundensein mit dem eigenen Selbst.

Ihr kommt demnach in eurem Leben immer an einen Punkt, an dem ihr euch fragen müsst, warum Verletzungen, Vorstellungen und Erwartungen eure Welt lenken und leiten, und warum ihr nicht die Fähigkeit besitzt, einfach bei euch zu bleiben und die außen dargestellten Szenerien als Prüfung der eigenen gewonnen Freiheit oder auch noch Unfreiheit zu erleben.

Der Mensch, der helfen und heilen möchte, existiert somit in seiner Berufung wie auch in seinem täglichen Sein entweder angelehnt an die eigene Selbstlosigkeit oder die Selbstbezogenheit.

Wir werden nun dieses Verhalten bei folgendem Thema aufzeigen:

Beispielsweise ist in Liebesbeziehungen dieses Verhalten gut zu erkennen. Wenn sich zwei Menschen lieben, ist die Angst, verletzt zu werden, im Grunde ständig aktiv, denn mit steigenden Gefühlen steigt beim unerlösten, das heißt, beim selbstlosen Menschen, ständig die Angst, nicht mehr gut genug zu sein und aus der partnerschaftlichen Liebe herausgeworfen zu werden.

Eine Partnerschaft in der irdischen Definition ist gegenwärtig noch ein Ausdruck an mangelnder Liebe zu sich selbst, da jeder Mensch die Bestätigung für sich im Partner sucht.

Wenn nun der eine Partner für sich eine Überforderung wahrnimmt oder die Veränderung und Erneuerung seiner/ihrer bewussten Form und Identität ansteht, empfindet sich der andere Partner fast immer in einem wahrnehmbaren Defizit, da die Kapazität des Lebenspartners nicht mehr die Offenheit besitzt, sich die Liebe zu seinem/ihrem Lebensgefährten bewusst zu machen, oder auch, weil für den anderen Partner spürbar wird, dass sich der Lebensgefährte weiterentwickeln will und das gewohnte Territorium verlässt – und das Verlassen des gewohnten Zustands löst bei dem Menschen Unsicherheit aus und eine Herausforderung, Räume zu wechseln – was bekanntermaßen nicht immer willkommen ist und vom Verstand fast ausschließlich mit Angst und Verdrängung beantwortet wird.

In der aktiven Darstellung ist es zwar notwendig, Wandel und auch Verwandlung der eigenen Wahrnehmung willkommen zu heißen, dennoch muss euch bewusst werden, dass jede Form von Erneuerung mit Ängsten beseelt ist – von beiden Partnern: Gewohnte Räume werden nur unter Druck verlassen (ganz grundsätzlich!) und zwingen letztlich immer, Fortbewegung und Veränderung zu akzeptieren.

Ist jedoch die Angst zu groß, werden die Partner sich streiten und sich eventuell der Herausforderung des Wandels in der Beziehung nicht stellen: Sie trennen sich oder entscheiden sich beide dafür, wieder die alten Räume und die Form der Lebensunzufriedenheit zu akzeptieren (das sind dann in der weltlichen Darstellung eure Zweckbeziehungen oder auch Zweckgemeinschaften – „Leben ist nicht spürbar, aber wir zwei kommen gut damit aus, unser Überleben zu sichern").

Dieses Thema ist euch eventuell geläufig, bezieht aber nun einen anderen Stellenwert: Der Mensch wird immer am „Ende" seiner Bewusstwerdung damit konfrontiert, gar keine Räume mehr zu beziehen und alles, wirklich alles, loszulassen.

In unserem Beispiel könnte das wie folgt aussehen: Der Mensch, der in der Selbstlosigkeit – und das ist fast jeder Mensch – existiert, wird es mit Ängsten zu tun bekommen, wenn der Partner die gewohnten Beziehungsrhythmen verlässt; er verschließt sich und hat keine Offenheit, Liebe zu erwidern. Daraufhin wird sich der Partner ungeliebt fühlen und versuchen, dem anderen klar zu machen, dass er wieder geliebt werden will.

An diesem Punkt sollte die eigene Abhängigkeit von der Liebe des Partners klar werden und der Wunsch existieren, sich in der Welt zu erfühlen und sich nicht in Abhängigkeit zum Partner weiterhin zu definieren.

Ihr werdet es momentan immer mit anderen begrenzten Menschen zu tun haben, also sollte der eigene Impuls stetig dahin gehen, dass ihr euch wünscht, eure Selbstlosigkeit zu verspüren um dann mit Hilfe der eigenen Disziplin den Verstand und das Ego ruhigzustellen und euch wieder euch selbst zuzuwenden.

Dieses Sich-selbst-Zuwenden ist der Punkt, an dem der Mensch lernt, aus seiner Selbstlosigkeit zu erwachen und sich klar zu machen, dass stets jede Form von Kompensation am Ende des Tages die Entfernung zum eigenen Selbst aufzeigt.

Das kann durch die unterschiedlichsten Mechanismen geschehen: Ein Mensch sucht Kompensation der mangelnden eigenen Liebe im Außen – im Beruf oder bei den Kindern, in der Partnerschaft oder in gesellschaftlichen Bestätigungen. Dabei spielt der Ort der Darstellung keine Rolle. Wenn es um das Verstehen der Selbstlosigkeit geht, werdet ihr den Fall wahrnehmen und euch, aus welchem Bereich auch immer, verstoßen fühlen: die Vertreibung aus dem vermeintlichen Paradies.

Jede Form von bewusst wahrgenommener „Vertreibung“ ist letztendlich eine willkommene Kraft, da sie dazu einlädt, in die Selbstbezogenheit zu wechseln und dadurch die Erfüllung des eigenen wahrnehmbaren Seins zu erproben.

Solltet ihr euch nun ertappen, in Zweckbeziehungen zu leben oder fortwährend den gleichen langweiligen Beruf auszuüben, steht der Wandel in den Selbstbezug an, und ihr werdet die Erfahrung machen, dass ihr diesen Wandel zwar auf die lange Bank schieben könnt, aber er letztendlich nicht zu umgehen ist.

Das Jahr 2014 steht für die absolute Wahrheit, die absolute Selbstwahrnehmung und somit die wahrhaftige Konfrontation mit dem Selbst. Wenn ihr dieses Buch in den Händen haltet, werdet ihr möglicherweise sagen, dass 2014 bereits vorbei ist und ihr die Weisungen bereits vorher hättet bekommen wollen.

Die Matrix hält diese Weisungen auch in 2014 bereits bereit

– die Bewusstwerdung durch das Lesen dieser Zeilen tritt jetzt ein, und die Menschen, die zu dem Zeitpunkt des Lesens noch nicht in der Selbstbezogenheit angekommen sind, werden in einer rasanten Geschwindigkeit in 2015 nachziehen müssen.

Für die Menschen, die in 2014 bereits die Weisungen der Selbstbezogenheit vernommen haben, wird 2015 neue Definitionen vom Leben bringen.

Wir wollen nun noch zu der Selbstlosigkeit die Opferbereitschaft hinzufügen:

Ein Mensch, der sich vom Partner nicht mehr geliebt fühlt, wird sich in Vorwürfen zum Partner verstricken, um einerseits durch das Erreichen eines „schlechten Gewissens“ die alten Räume wiederherzustellen, oder er wird aufgrund des Wahrnehmens seines Schmerzes versuchen, wiederum Schmerz zu verursachen, um zu erreichen, irgendwie doch noch geliebt zu werden.

Ein Mensch in der Selbstlosigkeit – somit fast jeder Mensch – gibt und schenkt im Leben Liebe, um geliebt zu werden und damit überlebensfähig zu sein. Somit ist das Geben an den Partner meistens mit dem Rückbezug, auch Liebe zu bekommen, verbunden. Also wird das Geben nicht aus freiem unabhängigem Willen erfolgen, sondern aus der Bereitschaft, als Gegenleistung ein Opfer zu geben. Das bedeutet, der Mensch schenkt etwas, um sein Gefühl des Mangels aufzufangen, und opfert etwas von sich (er gibt, was er normal nicht machen würde).

Das ist aus unserer Sicht nicht abwertend gemeint, sondern ein simpler menschlicher Mechanismus.

Wenn Partnerschaften auseinandergehen und durch Schmerz nicht gut zu Ende gebracht werden, wird meistens darauf verwiesen, welche Abstriche man im Leben gemacht und wie viel man doch dem Partner geschenkt hat.

Das wird als ungerechter Zustand empfunden, und die Opfer, die der Mensch gebracht hat, werden bewusst. Es sind jedoch Opfer, die er erbracht hat, um die Sicherheit in einem unbewussten und unreifen Deal zu ermöglichen.

Selbstbezogenheit sollte hier nicht mit Egoismus verwechselt werden – wie bereits beschrieben, wäre der eigentlich richtige Ausdruck für unsere Beschreibung der Egozentrik; wir benutzen hier aber weiterhin den gesellschaftlichen Ausdruck des Egoismus, wie bereits in vorangegangenen Kapiteln beschrieben, der im allgemeinen Verständnis davon spricht, dass ein Mensch zu selbstsüchtig ist, und damit auch einen Wesenszug des Egos und vor allem den mentalen Körper beschreibt, der Menschen dazu bewegt, konzentriert die eigenen mentalen und emotionalen Bedürfnisse so an erste Stelle zu setzen, dass andere dabei außer Acht gelassen und teils auch missachtet werden.

Selbstbezogenheit in unserer Beschreibung hat die Wahrnehmung des eigenen Selbst als höchste Priorität und bringt den Menschen dazu, in sich zu ruhen und aus sich heraus zu agieren.

Der Partner ist dann für die eigene Glückseligkeit nicht mehr notwendig, aber eine der schönsten irdischen Ergänzungen zum kompletten Bild des Lebens – dabei geht der Mensch in das bewusste Wahrnehmen des Dienens.

Wir haben auch bereits vorher über diesen Punkt berichtet, doch liegt nun eine neue Ausrichtung darauf:

Das Dienen ist die Möglichkeit, aus der absoluten Selbstbezogenheit geben zu können und sich nicht mehr darauf konzentrieren zu müssen, ob es auch in der Waagschale zum Nehmen steht. Das Nehmen ist nicht mehr notwendig, da Versorgung auf allen Ebenen stattfindet und über das kollektive Sein Bewusstheit eingetreten ist. Somit ist jedes Geben nur noch das Dienen gegenüber Allem-was-ist.

Jedes Geben ist Liebe im eigenen Selbst, wobei die Notwendigkeit, Dinge tun zu müssen, nicht mehr spürbar ist, sondern vielmehr die Gabe, alles vernetzt zu erblicken. So wird jede liebevolle Handlung zur Bereicherung des eigenen erlebten Seins.

Hier gibt es keine Absicht mehr hinter dem Geben, sondern vielmehr das Wissen um die Freiheit und die Glückseligkeit, Isolation als Illusion erkannt zu haben und ebenso jede Kompensation von Liebe überflüssig zu machen.

Jeder Mensch wird sich in diesem Selbstwahrnehmungsprozess zu seiner gegebenen Zeit erkennen – alle Menschen müssen durch diese Veränderung gehen, in der Leben nicht mehr länger als Bedingung, sich gegenseitig das Überleben zu sichern, verstanden wird, sondern in der Leben als glückseliger Zustand im Moment des Seins angenommen werden kann, unabhängig von den Begrenzungen anderer Menschen.

Aus energetischer Sicht beginnt erst in der Selbstbezogenheit mündiges wirkliches Leben – alle anderen angsterfüllten Formen sind Strategien, um das Überleben zu sichern.

☆☆☆

Nachwort

Wenn ich beginne, ein Buch zu schreiben, wünschen sich meine Kinder eine energetisch aufgeschriebene Geschichte, die in ihren Augen einfacher zu lesen ist als ein Buch, in dem der Leser mit Aufmerksamkeit verstehen kann, aber dabei nicht wirklich die Möglichkeit hat, einfach über die Zeilen hinwegzufliegen.

Ich denke, dass es immer den richtigen Zeitpunkt für etwas im Leben gibt und werde eventuell zu gegebener Zeit meine energetischen Botschaften auch in einer schönen Geschichte verpacken.

Aus meiner Sicht ist momentan dazu nicht die richtige Zeit. Es ist wichtig, direkt und unbeschönigt zu verstehen und Wissen somit unverschlüsselt zu erhalten. Der Mensch in der gegenwärtigen Zeit muss Erkenntnis erlangen – unser Aufenthalt in der alten Struktur ist beendet, und wir gehen durch eine neue Definition von Seins-Erfahrung in die Auflösung der alten Strukturen sowie von Raum und Zeit.

Wenn ich jemals eine Geschichte schreibe, dann wünsche ich mir, dass die Menschen zu diesem Zeitpunkt bereits das bewusste Sein in der menschlichen Lebensform verstanden haben, um die Botschaften in einem Buch als eine dieser Lektüren zu verstehen, in denen die Erinnerungen an die vergangenen Erfahrungen aufflammen, doch das Wissen sich um unser Sein bereits eingestellt hat.

Ich selbst weiß um die Schwierigkeiten im Menschsein, wiederholt dieselben weltlichen Herausforderungen – zwar meistens hinter neuen Kulissen – zu meistern, und ich stelle mich auch erneut unter Beobachtung, um zu erkennen, welche Form des Lernens mich wiederum eingeholt haben könnte.

Dennoch sind die Szenen immer wieder alt – zwar in neuen Gewändern – und zeigen wiederholt, ob die Möglichkeit nun gegeben ist, die Lernschritte als Illusion des Seins zu enttarnen, oder ob wir noch in der gleichen Wahrnehmung des Dramas der vermeintlichen Realität gefangen sind.

Jede Seinsform ist frei, doch Freiheit ist meistens schwer zu verstehen und, vor allem, schwer zu leben. Aber nur, weil der Mensch sich als unmündig versteht, sich als Spielball in der vorgegebenen Rasterung und Realität empfindet und sich nicht von den Begrenzungen der alten Definitionen und Strukturen befreit.

An dieser Stelle fällt mir der Film „Matrix“ ein, der letztendlich von der Illusion der wahrnehmbaren Realität des Menschen erzählt.

Frei zu sein ist ein ersehntes Ziel der Menschen, doch gleichzeitig ist es wahrscheinlich die größte Mutprobe, wirklich frei zu sein. Wirkliche Freiheit definiert sich doch nicht nur darin, machen zu können, was man will, sondern in der Bereitschaft, für jede Handlung und jeden Gedanken die volle Verantwortung zu tragen und Leben erstmals als Ebene zu erfahren, die eigene erlöste Macht in ihrem gesamten Spektrum zu erleben.

Das ist das Verständnis, gottähnlich in einem Menschengewand zu existieren. Und genauso die Realisierung, dass nichts und niemand an unserer subjektiv erlebten Realität schuld ist und wir in jedem Moment die Wahl haben zu erkennen, dass Leben **ist** und der Mensch in einem göttlichen Programm existiert.

Es ist der Unterschied, vom Ego geleitet in einer scheinbar glamourösen Welt bestehen zu wollen oder Hingabe und Demut, Leben in dem Verständnis von Fülle und Erlösung, in Abgleichung zu der eigenen Natur, zu erfahren.

Ich versuche, euch ein Bild zu geben, ein Gefühl für die wirkliche Form des Lebens zu schenken, die mit einer bewussten

Wahrnehmung des Moments zu tun hat, mit der verantwortungsbewussten Hingabe und dem Wissen, dass Leben immer unter dem Regime des eigenen erfundenen Programms stattfindet und jeder Mensch zu jedem Zeitpunkt durch das Geflecht der Illu-sion treten kann, wenn er es am wenigsten für sich erwartet und gleichzeitig bereit ist, die volle Verantwortung für sein Leben und seinen Anteil am kollektiven Sein zu übernehmen.

Jede Form der Befreiung basiert in unserer Seinsform auf der Dreifaltigkeit (noch!). Dabei spielt es keine Rolle, ob es sich hierbei um Heilung, um Erlösung, um Fülle/Versorgung oder sonstige weltliche Bedürfnisse dreht.

Alle Aspekte der Dreifaltigkeit in ausgeglichener Schwingung und Resonanz zueinander führen unsere genetische Kodierung auf die ursprüngliche Form zurück und geben somit die Voraussetzung für einen heilen, gesunden Seinszustand. Dies könnte beispielsweise die Schwingung von Vater, Sohn und dem Heiligen Geist oder auch der Sonne, der Erde und des Mondes sein.

Heilung geschieht in unserem menschlichen Körper unter anderem durch die Transformation und Erlösung (Auflösung) aller Blockaden in den energetisch physischen Körpern (das Körperliche), den energetisch geistigen Körpern (Bewusstsein) und den energetisch seelischen Körpern/Selbstaspekten (Unterbewusstsein). Alle Aspekte bedingen einander, wobei es bei der Heilung keinen Anhaltspunkt zu Raum und Zeit mehr gibt.

Die Auflösung von Raum und Zeit gibt die Möglichkeit, aus der illusionären Wahrnehmung des irdischen Seins herauszutreten und dadurch die Gedankensysteme der weltlichen Gesetzmäßigkeiten zu entlassen.

Die jeweilige nachfolgende mögliche Veränderung der Kodierung in der genetischen Anlage durch die harmonische, reine Schwingung der angesprochenen Felder entspricht der Möglichkeit der Veränderung beziehungsweise des wachsenden Bewusstseins des jeweiligen Individuums. Das subjektive Erkennen der geistigen Größe entspricht dabei der Fähigkeit des Individuums, alte Strukturen loszulassen. Gleichzeitig wird durch die mögliche Hingabe an das jeweilige Programm des Individuums in der eigenen Selbsterkennung und dem Zulassen des unterbewussten Seins das Programm neu gestartet und der ursprünglichen schöpferisch reinen Form angepasst. Dadurch ist spontane Heilung in unserer Realität möglich.

Der Verlauf ist auf allen anderen Ebenen der irdischen Erfahrung ähnlich. Realität wird durch das Loslassen des Zeit- und Raumaspekts erschaffen, in der Hingabe an das ursprüngliche Programm. Es ist wie ein Einfangen von Lichtaspekten und Informationsdaten der ursprünglichen Form.

Realität wird durch den reinen Gedanken erschaffen, in der Hingabe an die höchstmögliche Bereitschaft außerhalb der weltlichen Illusion und im Gefühl zum Selbst.

Die Sonne ist seit einiger Zeit Datenträger für unsere Zellen und gibt die Möglichkeit, auf allen Ebenen des Seins Weisungen zu integrieren. Auch haben wir Menschen die Möglichkeit, uns durch unsere Sonne mit der Zentralsonne zu verbinden, in der wiederum die ursprünglichen Daten verzeichnet sind.

Veränderung geschieht; wir Menschen brauchen die Disziplin, uns dem Verlauf der natürlichen Form hinzugeben und zu verstehen, dass unsere Welt voller Umwege und Ablenkungen aufgebaut ist.

Das Mensch-Sein ist momentan eine große Herausforderung, ebenso wie zu anderen Zeiten auch, nur mit dem Unterschied, dass wir die Möglichkeit haben, aus der Unmündigkeit in die volle bewusste Größe unseres Seins heranzuwachsen. Dabei müssen wir verstehen, dass jeder einzelne Mensch bestimmen wird, dass auch er betroffen ist und nicht länger darauf vertrauen kann, in dem Strom der Unmündigkeit mitzutreiben, um irgendwann durch andere Menschen ans rettende Ufer gebracht zu werden.

Es ist die Zeit, sich selbst wahrhaftig zu betrachten und Realität verantwortungsvoll zu erschaffen. Die Zeit, sich der absoluten Wahrheit zu stellen. Dann kann sich der Wandel in die Mündigkeit und die wahre Größe zum Selbst einstellen.

Carolin

Danksagung

Zunächst möchte ich meinen energetischen Begleitern für die Weisungen und Unterstützung von Herzen danken.

Manchmal ist es mir nicht ganz klar, welche energetische Form aus mir spricht und warum ich wiederholt zu spezifischen Zeitpunkten irdisch nützliche Weisungen und Hilfestellungen für mein Mensch-Sein erhalte. Dann ist es aber wiederum völlig einleuchtend, da wir Menschen nicht mehr isoliert und damit getrennt unsere Erfahrungen in der Realität machen.

Wir SIND!

Und daraus ergibt es sich von selbst, Bewusstsein zu tragen, das nicht weiter aus den subjektiv erlebten, menschlichen Strukturen gekommen ist. Und das ist gut so.

All diesen lichtvollen Energien wie Thoth, Mutter Erde, den Engeln, den Erdenwesen, der Akasha Chronik, der Blume des Lebens, allen lichtvollen Gestalten in unserem Sein, allen Lebewesen in, auf und über Mutter Erde, allem liebenden Leben und den Menschen, die sich in ihrer Größe und Liebe zeigen und zusammen an den Weg in das bewusste Sein glauben, möchte ich danken.

Auch gilt mein tiefer Dank den Tieren, die uns so treu auf Mutter Erde dienen und bereit sind, uns in die Reflexion zu uns selbst zu bringen.

Mein tiefer Dank und meine Liebe gelten auch meinen Kindern Chiara, Noah, Sari und Samuel sowie meinen Pflegekindern Luis und Mona.

Es ist für mich das größte Geschenk, mit euch hier zu sein, mit euch eine Familie sein zu dürfen.

Ihr seid verständnisvoll und liebend, vertrauensvoll und klar, offen und herzlich; es ist einfach wunderschön, diese Erfahrung mit euch machen zu dürfen und das Glück zu erleben, so treue Begleiter in dieser Welt für mich gefunden zu haben.

Auch gilt mein herzlicher Dank meiner Mutter Monika Schade-Albrecht und meinem Stiefvater Dr. Rudolf Albrecht. Ich möchte euch von Herzen danken für eure Liebe, Unterstützung, Versorgung, Klarheit, Wahrhaftigkeit und Wärme.

Ich möchte mich bei meiner Freundin Susanne Gmell für ihre tiefe Freundschaft bedanken. Ebenfalls gilt mein Dank ihrem Ehemann Uli Gessner für seine vielfältige Unterstützung in vielen Bereichen des Lebens für mich und meine Kinder.

Auch möchte ich den Menschen danken, die mich begleiten und an meiner Seite sind, in der letzten Zeit tief bewegt oder mich unterstützt haben, das Buch in die Welt zu bringen:

Uschi Weber, Giulia Oliveri (du zeigst mir, dass Leben auf Mutter Erde auch menschlich wirklich fordernde Aspekte hat und du bereit bist, deine Übungen des Lernens mit Hingabe und Demut zu nehmen), Dirk Eckert, einigen anderen Menschen für ihre Liebe und Freundschaft und auch für die wunderbaren Sitzungen mit ihnen.

Mein besonderer Dank gilt dem gesamten Team des Smaragd Verlags.

Schließt in das Königreich eurer Liebe
nicht nur alle Menschen ein,
sondern auch die Tiere und Blumen
sowie die Schar der Sterne,
die über den unermesslichen blauen Himmel zieht.

Paramahansa Yogananda

Über die Autorin

Carolin Schade, geb. 1969, hat bislang sehr unterschiedliche Wege beschritten. Nach einem abgebrochenen Chemie-Studium reiste sie in unterschiedliche Kontinente als Produktionsleiterin und Produzentenvertretung für südafrikanische Musicalproduktionen. Auch kümmerte sie sich um Festivals und begann ihre Arbeit als Autorin. Außerdem bereiste sie verschiedene Länder und gab energetische Seminare und Sitzungen.

Das Verständnis, dass der Mensch ein göttliches Wesen in einer Erfahrungsform ist, gab ihr die Möglichkeit, das Menschsein und die vorgegebene Erfahrungsform des Menschen verstehen zu lernen. Carolin ist seit Kindheit mit der energetischen Wahrnehmung vertraut und versteht sich selbst in einem kollektiven Wahrnehmungsprozess, der den alten Strukturen und Wurzeln enthoben wird, um das kollektive Sein bewusst integrieren zu können.

Carolin Schade
Thoth & Mutter Erde
Pachamama – Einheit und Alles-was-ist
432 Seiten, A5, gebunden, mit Leseband
ISBN 978-3-941363-86-1

Viele Menschen haben heutzutage den Anspruch und den Druck, ihr eigenes Leben allgemein verstehen zu wollen. Den meisten fehlt es an Mut, nachhaltige Veränderung zuzulassen, da sie Angst haben, ihre gewohnten Strukturen und Sicherheitssysteme loszulassen. Das Bewusstsein der Reintegration von Leben auf allen Bereichen des Seins steht im Vordergrund dieses Buches.
Es gibt uns die Möglichkeit, energetisch (unterbewusst) und menschlich (bewusst) zu verstehen, da bereits Energiearbeit bewirkt wurde, die wir beim Lesen erfahren werden. So erhalten wir die Gewissheit, dass spirituelles Sein unsere Normalität bedeutet, wir begreifen die menschlichen Formen in Verbindung zu unserer energetischen Natur und dass sogenannte Wunder und Andersartigkeit ein Wegweiser in die Glückseligkeit des Seins unter dem Regime des Geistes sind.
Alles ist jederzeit verfügbar. Wir müssen nur wagen, diese uns meist vertrauten Aussagen in ihrer wahrhaftigen Form anzunehmen.

Bettina Heiniger & Ralph Stief

Seth – Liebeskraft

Ihr seid nicht allein!

232 Seiten, A5, broschiert

ISBN 978-3-95531-088-2

Ich, der ich Seth genannt werde, habe mich lange zurückgehalten, mich in eure menschlichen Dinge einzubringen. Mein Entschluss, mich wieder zu melden, ist aus dem starken Wunsch von euch Menschen nach Erklärungen entstanden. Die Suche nach Erklärungen war so stark, dass es mir ein Anliegen war, bei euch zu sein und euch Zusammenhänge zu übermitteln, die für diesen Umbruch sehr dienlich sein können. Ich sage extra „können".

Mit diesem neuen Werk tritt Seth aus seiner bis dahin intellektuellen Seite heraus und bezieht die Gefühle mit ein. Er spricht alle Lebensbereiche an, um deutlich zu machen, was Liebe zu bewirken imstande ist.

In den Durchsagen baut sich zunehmend Energie auf, die zuletzt so motivierend wirkt, dass jeder Leser voll neuer Leidenschaft die Kraft der Liebe fühlt und in sein Leben integriert.

Mit einem Vorwort von Jane Roberts

Grazia Marchese

Götter in der Pubertät

Der Mensch auf dem Spielfeld Erde

312 Seiten, A5, broschiert

ISBN 978-3-95531-084-4

Das Wissen darüber, warum wir dieses Universum und unsere Körper erschufen, ermöglicht es uns, das Leben so zu genießen, wie es ursprünglich gedacht war: ein kreatives Spiel voller Spaß, Abenteuer und Lebensfreude.

Während wir Leben für Leben unsere individuelle Perlenkette aneinanderreihen, entfaltet erst das Bewusstsein über unser wahres Sein das gesamte Spielfeld. Die unzähligen Leben sind so genial miteinander verwoben, dass jeder auf seiner Stufe spielt, ohne die anderen zu behindern. Mit der Erinnerung unseres wahren Potenzials und der Beherrschung der Spielregeln führt uns jeder Weg direkt ins gewünschte Ziel. Lasst uns gemeinsam dieses wunderbare Spiel genießen!

Ava Minatti

Der Weg der Shekaina

Der männliche und der weibliche Ausdruck der Zentralsonne

264 Seiten, A5, broschiert

ISBN 978-3-95531-083-7

Der Weg der Shekaina ist der Weg der Neuen Zeit. Shekaina bezeichnet die Urweiblichkeit des Universums: Muttergott.

Die Botschaften, die getragen sind von der Anerkennung der Andersartigkeit und der großen Liebe, handeln von der ursprünglichen Bedeutung der Vierten Dimension. Die verbindende Kraft unseres Emotionalfelds ist dabei ein wichtiger Schlüssel. Als Kosmischer Mensch sind wir Vermittler zwischen Himmel und Erde und eine Brücke zwischen altem und neuem Wissen. Wir tragen das Erbe der Wurzelrassen in unseren Zellen, das es gilt, zu aktivieren. So schließen wir (als Menschheit) einen Kreis und treten in eine neue Spirale unserer Entwicklung.

Sylvia Morawe

Maria Magdalena – Der Gral bist du!

Selbstermächtigung und Heilung durch Christusbewusstsein

224 Seiten, A5, broschiert

ISBN 978-3-95531-086-8

Die Zeit der Selbstmeisterschaft und des bewussten Schöpfens und Manifestierens der Neuen Erde ist angebrochen. Nach der Herzöffnung und Gleichstellung von Gott und Göttin in uns ist nun die Verbindung zum Seelenselbst und die damit einhergehende bedingungslose Selbstliebe und ihr Ausdruck die Herausforderung auf unserer nächsten Entwicklungsstufe.

Liebevoll leitet die Lichtmeisterin Maria Magdalena und Aufgestiegene Meisterin Lady Nada in die Verbindung zum Seelenselbst und in die göttliche Liebe – in Wahrheit, Heilung, Vertrauen und Ordnung.

Eine berührende und kraftvolle Inspiration für alle, die sich dem Christusbewusstsein verbunden fühlen und Yeshua und Mirjam mit ihrem Herzen lauschen möchten…

Sarinah Aurelia

Seelenverträge Band 9

Verliebt sein ist nicht schwer, beständig Liebe SEIN dagegen sehr

328 Seiten, A5, broschiert

ISBN 978-3-95531-089-9

Hohe Schwingung verändert alles, sodass nur noch das übrigbleibt, was die Tore der höchsten Schwingung passieren kann. Körper und Psyche haben viel zu tun, indem sie abstoßen, was nicht konform geht mit den höchsten Energien, um dann das Licht der Quelle zu integrieren. Hinzu kommt, dass wir uns seit Urzeiten unsere Realität selbst erschaffen. Was wir heute denken, fühlen und sagen, leben wir morgen.

Die Erde trägt ihre Kinder in die Sphären der Himmelsdimensionen, sodass diese ihren Seelendienst erfüllen können: bewusst zu werden. Das vollkommene Bewusstsein erlangen! Das liest sich leicht, ist jedoch, wenn man es lebt, gekoppelt mit vielen Herausforderungen, die erkannt und bewältigt werden wollen. Die Seelenverträge sind die Verbindung zu den Freunden im Himmel. Wer an der Hand der geistigen Mentoren durch dieses Leben gehen kann, ist klar im Vorteil.

Karin & Gerold Voß

Die Meister und Meisterinnen der 12 göttlichen Strahlen

Ca. 200 Seiten, A5, broschiert

ISBN 978-3-95531-090-5

Der Wandel ist in vollem Gange. Wir haben uns alle auf Seelenebene dazu verabredet, und so fließen unendlich viele unterschiedliche Energien aus der Geistigen Welt in unser Sein und unterstützen den Prozess. Die 12 Göttlichen Strahlen mit ihren Lenkern, Erzengeln und weiteren Heerscharen von Engeln wirken speziell auf die Chakren der Menschen, sodass eine Reinigung des Energiekanals möglich ist.

Lass dich berühren und von der göttlichen Kraft durchfluten, um selbst ein verlängerter Arm der Geistigen Welt zu werden. Dann ist eine klare Verbindung zum Himmel und zur Erde möglich, und die Menschheit kann gemeinsam mit allen Wesen des Himmels und der Erde den Planeten zu einem Paradies gestalten.

Peter K. Keller

Todesurteil aufgehoben!

Anregungen zur Selbstheilung

136 Seiten, A5, broschiert

ISBN 978-3-95531-085-1

Die Leistungen der Schulmedizin sind zweifellos auf gewissen Gebieten bewundernswert. Ihre Sicht bei psychosomatischen Krankheiten ist jedoch leider oft sehr begrenzt. Dadurch werden viele Patienten mit der Diagnose „unheilbar" abgespeist und lediglich mit chemischen Keulen behandelt. Diese beseitigen meistens nur Symptome und ziehen durch ihre fatalen Nebenwirkungen weitere Krankheiten nach sich.
Peter K. Keller hatte eine der schlimmsten Krankheiten, die alle Organe angreift und schließlich zerstört. Doch seit einigen Jahren ist er vollkommen gesund. Für seine Heilung kombinierte er Schulmedizin mit Alternativmedizin. Ausschlaggebend aber waren letztlich die Aktivierung der Selbstheilungskräfte und sein Gottvertrauen.
Peter K. Keller teilt hier seine Erfahrungen mit allen Menschen, die sich in einer ähnlichen Situation befinden. Aber auch für „Gesunde" ist dieses Buch ein absolutes Muss, um erst gar nicht in eine solche Lage zu kommen.

Zora Gienger

Liebespaare der Neuen Zeit

Meditationen

CD, Lauflänge ca. 60 Minuten

ISBN 978-3-95531-091-2

Es finden sich immer mehr Liebespaare, die eine liebevolle, tiefgründige und ehrliche Partnerschaft führen, die ihren Ursprung in der Seelenebene hat. Da jeder Mensch das Potenzial der Liebe und Seelenkraft in sich trägt, unterstützen die Meditationen die Entfaltung dieses reichen Schatzes und helfen, einander in Liebe zu finden sowie die Schwingung der Liebe in die Welt zu bringen.
Die Meditationen zum gleichnamigen Buch lassen Partnerschaften in einem neuen Licht erscheinen, bringen Heilkraft, Segen und liebevolles Wachstum in neue sowie bestehende Beziehungen und machen Mut, sich der wahren Seelenliebe zu öffnen. Jeden Tag aufs Neue.